# La Reforma

*Una guía fascinante sobre la revolución religiosa provocada por Martín Lutero y su impacto en el cristianismo y la Iglesia occidental*

© Copyright 2021

Todos los derechos reservados. Ninguna parte de este libro puede ser reproducida de ninguna forma sin el permiso escrito del autor. Los revisores pueden citar breves pasajes en las reseñas.

Descargo de responsabilidad: Ninguna parte de esta publicación puede ser reproducida o transmitida de ninguna forma o por ningún medio, mecánico o electrónico, incluyendo fotocopias o grabaciones, o por ningún sistema de almacenamiento y recuperación de información, o transmitida por correo electrónico sin permiso escrito del editor.

Si bien se ha hecho todo lo posible por verificar la información proporcionada en esta publicación, ni el autor ni el editor asumen responsabilidad alguna por los errores, omisiones o interpretaciones contrarias al tema aquí tratado.

Este libro es solo para fines de entretenimiento. Las opiniones expresadas son únicamente las del autor y no deben tomarse como instrucciones u órdenes de expertos. El lector es responsable de sus propias acciones.

La adhesión a todas las leyes y regulaciones aplicables, incluyendo las leyes internacionales, federales, estatales y locales que rigen la concesión de licencias profesionales, las prácticas comerciales, la publicidad y todos los demás aspectos de la realización de negocios en los EE. UU., Canadá, Reino Unido o cualquier otra jurisdicción es responsabilidad exclusiva del comprador o del lector.

Ni el autor ni el editor asumen responsabilidad alguna en nombre del comprador o lector de estos materiales. Cualquier desaire percibido de cualquier individuo u organización es puramente involuntario.

# Índice

INTRODUCCIÓN: CÓMO SE DESENCADENÓ LA REFORMA.................1
CAPÍTULO 1 - LAS NOVENTA Y CINCO RAZONES DE MARTIN PARA LA REFORMA..................3
CAPÍTULO 2 - LUTERO ES TACHADO DE HEREJE..................10
CAPÍTULO 3 - MARTÍN LUTERO SE PREPARA PARA LA BATALLA ......16
CAPÍTULO 4 - LA DIETA DE WORMS Y LA GUERRA DE LAS PALABRAS..................21
CAPÍTULO 5 - LA REFORMA SE CALIENTA..................30
CAPÍTULO 6 - DE LOS MELQUIORITAS A LOS MENONITAS: OTRAS TENDENCIAS DE LA REFORMA..................38
CAPÍTULO 7 - COMIENZA LA REFORMA DE INGLATERRA..................44
CAPÍTULO 8 - EL AUGE DEL CALVINISMO..................57
CAPÍTULO 9 - INGLATERRA HACE RETROCEDER LA REFORMA..................68
CAPÍTULO 10 - LOS HUGONOTES, LOS PAÍSES BAJOS Y GUILLERMO DE ORANGE..................78
CONCLUSIÓN: CÓMO LA REFORMA CAMBIÓ EL MUNDO..................89
VEA MÁS LIBROS ESCRITOS POR CAPTIVATING HISTORY..................92
APÉNDICE A: LECTURAS ADICIONALES Y REFERENCIAS..................93

# Introducción: Cómo se desencadenó la Reforma

A principios del siglo XVI, el cristianismo estaba más unido que nunca. Durante este periodo, solo había dos ramas principales del cristianismo: el catolicismo de Occidente y la Iglesia ortodoxa de Oriente. Oriente y Occidente se habían dividido unos 500 años antes debido a algunas diferencias doctrinales menores (pero importantes). Solo cuando la amenaza externa del avance de los ejércitos del islam inició el primero de los muchos intentos de derribar las puertas de la Iglesia ortodoxa de Oriente —cuya sede estaba en Constantinopla (la actual Estambul)—, la Iglesia católica y la Iglesia ortodoxa intentaron arreglar las cosas.

La cristiandad lanzó cruzadas desde occidente en un intento de defender a sus hermanos orientales, pero al final, la Iglesia ortodoxa Oriental, que tenía su sede en Asia Menor (la actual Turquía), fue invadida y subyugada por el islam. Los restos del cristianismo ortodoxo sobrevivirían, pero en su forma destrozada, ya no supondría un reto significativo para la Iglesia católica en cuanto a ideología. No fue hasta que un hombre llamado Martín Lutero comenzó a cuestionar las enseñanzas católicas a principios del siglo XVI que se hicieron visibles nuevas fracturas en la estructura de la iglesia.

Martín Lutero se hizo sacerdote católico en 1507. Era un miembro dedicado del clero, pero comenzó a tener serias dudas con muchos aspectos de la doctrina católica oficial. Los interrogantes que empezaron a surgir en el corazón de este monje solitario le llevaron a clavar sus famosas noventa y cinco tesis en las puertas de la Iglesia de Todos los Santos (a veces llamada Iglesia del Castillo) donde servía. El 31 de octubre de 1517, aproximadamente una década después de la ordenación original de Lutero, clavó sus principales protestas en las puertas de la iglesia para que todos las vieran.

El lector moderno notará la fecha, ya que desde entonces se asocia con Halloween. En la época de Lutero, se conocía como la víspera de Todos los Santos, ya que el día siguiente era el 1 de noviembre, que era (y sigue siendo) la fiesta católica de Todos los Santos. El Día de Todos los Santos también se llamaba "All Hallows' Day" en inglés en varios lugares, y la noche anterior se conocía como "All Hallows' Eve", de la que obtenemos la variante moderna de Halloween.

Pero por muy espeluznante que pueda parecer todo esto, Lutero, al parecer, eligió esta fecha sin más motivo que el hecho de que el día de Todos los Santos (All Hallows' Day) era cuando se reunían muchos intelectuales de la iglesia en ciernes. Sabiendo que mucha gente estaría allí ese día para discutir sus tratados, los fijó en la puerta el día anterior para que todos estuvieran seguros de verlos. La colocación de estas directivas tampoco era tan inusual.

Muchos han comparado su colocación en las puertas con el hecho de que alguien coloque notas en un tablón de anuncios (o mejor aún, en Facebook) solo para expresar una opinión. Martín Lutero no pretendía hacer nada tan radical en aquel momento: simplemente abría un diálogo y planteaba algunas preguntas. Lutero nunca pretendió dividir la Iglesia católica ni crear facciones opuestas; solo pretendía reformar (de ahí la expresión Reforma) la Iglesia católica desde dentro. Pero poco sabía de la ola de cambio que estaba a punto de desatar.

# Capítulo 1 - Las noventa y cinco razones de Martin para la reforma

*"Desde el principio de mi Reforma he pedido a Dios que no me envíe ni sueños, ni visiones, ni ángeles, sino que me dé el correcto entendimiento de su Palabra, y de las Sagradas Escrituras. Porque mientras tenga la Palabra de Dios, sé que ando en su camino y que no caeré en ningún error o engaño".*

*- Martin Lutero*

Se ha hablado mucho de las noventa y cinco tesis (o proposiciones teológicas) que Martín Lutero clavó en la puerta de la abadía en 1517. Pero ¿qué supusieron? A pesar del extraordinario cambio social que desencadenaron, las tesis en sí mismas no eran precisamente de naturaleza radical, y se centraban en dos temas principales: La creencia de Lutero de que la salvación se lograba por la fe y no por las obras, y la insistencia de Lutero en que las Escrituras debían ser la máxima autoridad religiosa y no el clero.

Lo que más le preocupaba a Lutero en ese momento era el hecho de que la Iglesia se dedicaba a vender la salvación a las masas mediante algo llamado indulgencia. Esta práctica permitía a los feligreses dar literalmente dinero a la Iglesia católica a cambio de promesas del clero de perdonarles los pecados y/o concederles el paso del purgatorio al cielo. Para entender la práctica de las indulgencias, se debe entender las enseñanzas de la Iglesia católica de esta época.

Los católicos enseñaban que los pecadores debían hacer penitencia en esta vida y, a menudo, también en la siguiente. Era una creencia común de la época que, al fallecer, la mayoría de las personas no iban inmediatamente al cielo o al infierno, sino a un reino intermedio llamado purgatorio. Desde la época de Lutero, muchos grupos protestantes han ridiculizado la idea del purgatorio e incluso han llegado a decir que la Iglesia católica lo inventó todo.

Sin embargo, aunque la palabra purgatorio —una palabra latina que significa limpiar o purgar— no aparece en las Escrituras, sí se menciona en la Biblia un lugar así. La Biblia, de hecho, a menudo habla de un reino intermedio o limbo donde los santos "duermen". Este lugar ha sido referido por su nombre hebreo de Sheol. El griego original del Nuevo Testamento usó la palabra griega para Seol, que es Hades, para describir el mismo lugar exacto. El mismo reino también se ha traducido como "paraíso", o incluso "Seno de Abraham".

Puede ser confuso tener nombres que suenan tan agradables como "paraíso" y "Seno de Abraham" para un lugar que los católicos llaman purgatorio. También es confuso el uso de la palabra griega "Hades", que la mayoría de la gente probablemente asocia con el concepto occidental de infierno, pero el infierno y el Hades son dos conceptos diferentes. Mientras que el infierno se define como un lugar de tormento, el Hades es simplemente la morada del inframundo de los muertos.

El término griego real para un lugar de tormento parecido a nuestra noción común de infierno es la palabra "Tártaro". En la traducción griega del Nuevo Testamento, la palabra "Tártaro" solo aparece una vez, cuando el apóstol Pedro describe el destino final de los ángeles caídos que desobedecieron a Dios. La elección de esta palabra es interesante porque, en la mitología griega, el Tártaro es el lugar donde los Titanes fueron encarcelados. Si se leen los mitos griegos y se comparan con las historias bíblicas de los ángeles caídos/vigilantes/ Nefilim, los paralelismos son bastante sorprendentes.

Uno se pregunta si la palabra "Tártaro" fue elegida por conveniencia, o si realmente se refería al mismo lugar exacto. ¿Acaso el Apóstol Pedro vio algún tipo de similitud entre los cuentos populares griegos de los Titanes y los ángeles caídos? En cualquier caso, en lo que respecta al Seol, el Hades, el Paraíso y el Seno de Abraham, todos estos reinos de los que se habla en la Biblia, independientemente de cómo se llamen, cumplen el mismo propósito del purgatorio católico. No son ni el Cielo ni el infierno, sino simplemente un lugar donde las almas transitorias se refugian temporalmente.

Estos conceptos son complejos, y salvo los teólogos que pasan años estudiándolos en profundidad, la mayoría de los cristianos probablemente no saben mucho sobre ellos. Pero, por extraño que pueda parecer al observador casual, estos conceptos se basan en las Escrituras. Los primeros cristianos creían que antes de que Jesús viniera a la Tierra y muriera en la cruz, a todos los santos del Antiguo Testamento (como Abraham) se les negó el acceso al Cielo, pero Dios no iba a enviarlos al infierno, así que, en su lugar, se les mantuvo en un plano intermedio de la existencia —de ahí el Seno de Abraham, el paraíso, el purgatorio, el Seol, o como quiera llamarlo.

Según esta noción, el propio Jesús, después de ser crucificado, descendió a este mundo inferior para "liberar a los cautivos". Hoy en día, los predicadores son más propensos a utilizar esto como una alegoría para entregar un mensaje de bienestar a las masas sobre cómo Jesús libera a los que están en la esclavitud de cosas como el alcohol o algún otro vicio. No hay nada malo en ello, pero la expresión también tiene una interpretación literal. Los tres días entre la crucifixión y la resurrección de Cristo son una parte dramática de las Escrituras del Nuevo Testamento que a menudo se pasa por alto, pero según la Biblia, no estaba inactivo.

La Escritura nos dice que inmediatamente después de ser asesinado en la cruz, Jesús fue directamente al paraíso/purgatorio y literalmente "llevó cautiva la cautividad" al rescatar a los santos del Antiguo Testamento que estaban retenidos en el Seol. Solo después de completar esta misión, Jesucristo resucitó físicamente de entre los muertos y salió de la tumba, de vuelta de entre los muertos y de ese reino del inframundo del purgatorio llamado Seol/Hades.

Según la Biblia, en los tres días anteriores a su resurrección, Jesús estaba en una misión espiritual para liberar a las almas que habían estado atrapadas durante mucho tiempo en el limbo del purgatorio. No entró en el Cielo hasta su resurrección física y eventual ascensión en lo que los cristianos denominan su cuerpo "glorificado" o "inmortal/incorruptible", un estado del ser en el que los cristianos creen que ellos también se transformarán en un "abrir y cerrar de ojos" cuando suene la "última trompeta".

La idea de que Jesús fue primero al paraíso, *antes* de la resurrección y la ascensión, también se apoya en un comentario que Jesús hizo al ladrón en la cruz: "Hoy estarás conmigo en el paraíso". No dijo Cielo, sino que específicamente dijo "paraíso", que es otra palabra para el Seol/Seno de Abraham/Hades —usted entiende el punto.

Esto es mucho para desenterrar, pero entender tales cosas es esencial para entender por qué los católicos hablaron de un reino intermedio llamado purgatorio. A pesar de la desinformación y la insinuación de que el purgatorio es simplemente una tontería que alguien ha inventado, el concepto de purgatorio se basa en las Escrituras.

En cualquier caso, los católicos ampliaron en gran medida todo esto y acabaron creyendo que se podía reducir el tiempo que se pasaba en el purgatorio pagando indulgencias a los sacerdotes, o incluso ayudando a los familiares muertos que se creía que estaban en el purgatorio pagando en su nombre. En cuanto a Martín Lutero, se dice que más tarde abandonaría gran parte de su anterior creencia en el purgatorio, pero en el momento en que clavó sus noventa y cinco tesis en la puerta, no estaba tan en contra de la noción del purgatorio en sí como de la idea de que se podía pagar para salir de él.

Por muy corrupto que pueda parecer a primera vista, el acto de pagar dinero o "limosna" en nombre de un ser querido fallecido no era simplemente un plan urdido por la Iglesia católica. Al igual que el purgatorio, se derivó de las Escrituras. El concepto de indulgencias proviene de los Macabeos, un libro que, casualmente, está excluido de la mayoría de las Biblias protestantes. El concepto de pagar una cantidad de dinero en sacrificio por las almas de los difuntos proviene de un relato en el que Judas Macabeo aconseja a sus seguidores que paguen una limosna por algunos de sus guerreros que han perecido en la batalla.

Se descubrió que estos guerreros llevaban al cuello amuletos considerados profanos y en reverencia a dioses paganos. Fue para la expiación de los actos de estos hombres muertos que Judas pidió a todos sus seguidores que ofrecieran limosnas. O, como nos dice 2 Macabeos 42-45, "El noble Judas pidió al pueblo que se mantuviera libre de pecado, pues había visto con sus propios ojos lo que les había sucedido a los caídos a causa de su pecado. Recaudó una contribución de cada hombre y envió el total de dos mil dracmas de plata a Jerusalén para una ofrenda por el pecado, un acto adecuado y correcto en el que tuvo debidamente en cuenta la resurrección. Porque si no hubiera esperado que los caídos resucitaran, habría sido insensato y superfluo orar por los muertos. Pero como tenía en vista la maravillosa recompensa reservada a los que mueren piadosamente, su propósito era santo y piadoso. Y por eso ofreció un sacrificio expiatorio para liberar a los muertos de su pecado".

Macabeos da claramente un ejemplo de rezar por los muertos y pagar limosna (una indulgencia) por ellos con la esperanza de que este sacrificio expiatorio "libere a los muertos de su pecado". Las Biblias protestantes optarían por no incluir el Libro de los Macabeos. Los sacerdotes católicos romanos, sin embargo, podrían señalar fácilmente esta Escritura como parte de su razonamiento para permitir que se hicieran indulgencias para aquellos que ofrecían limosnas para los difuntos.

En lo que respecta a las razones de Martín Lutero para clavar sus noventa y cinco tesis en las puertas de la iglesia el 31 de octubre de 1517, criticaba principalmente lo que consideraba abusos flagrantes de la práctica. A Lutero le molestaban especialmente los sacerdotes que habían utilizado la venta de indulgencias para financiar proyectos de construcción. En la época de Lutero, la adquisición de indulgencias se había comercializado tanto que, en un momento dado, un fraile dominico llamado Johan Tetzel había creado su propio jingle publicitario para obtener ingresos. El astuto fraile era supuestamente aficionado a proclamar: "¡En cuanto suena la moneda en el cofre, un alma del purgatorio salta al cielo!".

Lutero creía que tales fechorías corrompían al clero tanto como a los feligreses, ya que hacían creer al público que podía evitar el verdadero arrepentimiento y, en su lugar, simplemente pagar su entrada al cielo. Martín Lutero condenó decisivamente tales prácticas en la Tesis 32 de sus noventa y cinco tesis, que decía: "Aquellos que creen que pueden estar seguros de su salvación porque tienen cartas de indulgencia serán condenados eternamente, junto con sus maestros". En la Tesis 43, aclaró aún más esta creencia cuando declaró: "Se debe enseñar a los cristianos que quien da a los pobres o presta a los necesitados hace una obra mejor que quien compra indulgencias".

También reprendió con decisión la práctica de la Iglesia de utilizar el dinero de las indulgencias para financiar proyectos de construcción. En la Tesis 50, Lutero había proclamado con firmeza: "Hay que enseñar a los cristianos que, si el papa conociera las exacciones de los predicadores de indulgencias, preferiría que la basílica de San Pedro se redujera a cenizas antes que construirla con la piel, la carne y los huesos de sus ovejas".

Es importante notar que mientras Lutero vilipendiaba al clero, al que llamaba "predicadores de indulgencias", todavía se las arreglaba para mantener al papa mismo sin culpa. Cuando Lutero clavó sus noventa y cinco tesis en las puertas de la iglesia, seguía creyendo que el papa no estaba al tanto de lo que hacían los clérigos de menor rango (especialmente los de la talla de Johan Tetzel).

En cambio, Martín Lutero insistió en que el papa ignoraba tales cosas, y que, si lo supiera, "preferiría que la basílica de San Pedro se quemara hasta las cenizas antes que construirla con la piel, la carne y los huesos de sus ovejas". Como se puede ver, en este punto de su evolución personal de pensamiento, Lutero estaba dispuesto a conceder al papa de la lejana Roma el beneficio de la duda; sin embargo, sus opiniones cambiarían pronto.

# Capítulo 2 - Lutero es tachado de hereje

*"A menos que me convenza la Escritura y la razón pura, no acepto la autoridad de papas y concilios, pues se han contradicho. Mi conciencia es cautiva de la Palabra de Dios. No puedo ni quiero retractarme de nada, pues ir en contra de la conciencia no es correcto ni seguro. Aquí estoy, no puedo hacer otra cosa. Que Dios me ayude. Amén".*

*- Martin Lutero*

Inmediatamente después de que Martín Lutero clavara sus noventa y cinco tesis en las puertas de la Iglesia del Castillo de Wittenberg, sus tratados religiosos se difundieron libremente. Las palabras de Lutero parecían resonar en las masas alemanas, desencantadas con el control de Roma sobre los asuntos eclesiásticos locales. Los atrevidos reproches de Lutero despertaron su propio escepticismo sobre la autoridad papal. Pero, para cuando las copias de las tesis de Lutero llegaron a Roma, la reacción fue inicialmente de indiferencia.

El clero romano creía que el principal argumento de Lutero era contra la orden de frailes dominicos como Johan Tetzel, una orden que a menudo estaba en desacuerdo con la orden agustiniana a la que pertenecía Martín Lutero. Lutero criticó a Tetzel y pareció eximir de culpa al propio papa, limitándose a señalar los abusos percibidos del clero bajo su autoridad. Lutero, de hecho, había profesado su creencia de que, si el papa conociera los abusos que se estaban produciendo, seguramente pondría fin a los mismos.

Martín Lutero se presentaba como un sacerdote fiel que no estaba de acuerdo con la forma en que se comportaban otros sacerdotes, por lo que es comprensible que las autoridades católicas romanas se encogieran de hombros en un principio y lo consideraran una pequeña disputa entre monjes. Sin embargo, a medida que el debate continuaba y más voces se involucraban en el drama, el Vaticano no pudo evitar tomar nota.

En 1518, las palabras de Lutero se imprimían tanto en latín como en alemán, y aunque nunca obtuvo derechos de autor o regalías por su trabajo, sus tratados se habían convertido en una especie de best seller. Pronto, todo el mundo hablaba de las ideas de este desconocido y oscuro monje agustino. Aprovechando esta ola de interés, Lutero se dirigió a la Universidad de Heidelberg en abril de 1518 para hablar libremente ante un público.

Incluso en este momento, había preocupación por la seguridad personal de Lutero, ya que algunas personas ya habían mostrado una fuerte oposición a sus enseñanzas. Sin embargo, la autoridad local alemana —el elector de Sajonia, Federico el Sabio— le concedió a Lutero una carta en la que le garantizaba el paso seguro en caso de que alguien intentara interceptarlo. Entretanto, Lutero no tenía intención de suscitar un debate durante esta visita. Sus planes originales eran dar una conferencia sobre los méritos de la teología de San Agustín. Como monje agustino que era, se trataba ciertamente de un terreno bien transitado.

Sin embargo, para los que se habían reunido, la principal atracción no era escuchar a San Agustín, sino la creciente controversia sobre las noventa y cinco tesis de Lutero. En especial, querían escuchar a Lutero referirse a sus recientes argumentos contra la práctica de las indulgencias. Y, aunque Lutero no profundizó demasiado en sus ideas sobre las indulgencias, sí tocó otros asuntos que serían extremadamente importantes para la Reforma que se avecinaba. Habló de sus puntos de vista sobre la justicia de la fe a través de Cristo y expuso su noción de la total impotencia de los seres humanos para lograr su propia salvación.

La conferencia de Lutero en Heidelberg fue bien recibida y tuvo un gran éxito, convirtiéndolo casi en una celebridad local. Pero a medida que su fama crecía, también lo hacía su oposición. En el verano de 1518, fue atacado por una de las mentes católicas más importantes de la región: John Eck. Eck se opuso directamente a las noventa y cinco tesis de Lutero y escribió su propio artículo de oposición, titulado "Obeliscos". En él, Eck arremetía contra Lutero e intentaba desmontar sus argumentos.

En un principio, Lutero se quedó atónito ante la embestida, pues nunca imaginó que alguien como Eck pudiera cuestionar de tal manera una práctica como las indulgencias. Sin embargo, Lutero no tardó en superar su asombro y pasó a la ofensiva. No se guardó nada, cogió su pluma y se lanzó contra su oponente de la forma ampulosa que le haría famoso. En un momento dado, declaró que Eck no se comportaba más que como "una prostituta irritada" que vomita terribles maldiciones y juramentos.

Con una retórica así, no había vuelta atrás. Se había trazado una línea en la arena, y en lo que respecta a Lutero, o se amaba al hombre o se pensaba que era un abominable hereje. Muy pronto, incluso la lejana Roma se puso en marcha para silenciar a este molesto monje. El 7 de agosto de 1518, Lutero recibió con estupor la correspondencia oficial del Vaticano, que proclamaba que sus noventa y cinco tesis eran consideradas heréticas. Por ello, se le pidió a Lutero que se presentara en Roma para responder por sus errores.

Sin embargo, esta perspectiva era peligrosa para Lutero, ya que significaba que tendría que dejar su relativamente seguro patio trasero alemán y presentarse en Roma a la completa merced del Vaticano, una institución que, en aquellos días, no solía ser demasiado amable con aquellos que creía que guiaban al rebaño por el mal camino. De hecho, ya había algunos planes para arrestar a Lutero por la fuerza. Si era posible, los agustinos alemanes recibieron instrucciones de apresar a Lutero y "enviarlo a Roma atado de pies y manos con cadenas".

Sin embargo, una señal del debilitamiento del poder de Roma fue el hecho de que esto nunca ocurrió. En la época de Lutero, el llamado "Sacro Imperio Romano" era el verdadero centro de poder. Y, aunque el centro espiritual del Sacro Imperio Romano Germánico debía estar en Roma, el centro político del Sacro Imperio Romano Germánico de la época de Lutero estaba en los principados alemanes de Europa Central. (Para aclarar cualquier confusión, es importante señalar que la "Alemania", tal como la conocemos hoy, aún no había nacido. Claro que había pueblos germánicos que hablaban alemán, de los que el propio Martín Lutero formaba parte, pero el estado-nación moderno de Alemania no surgiría hasta 1871). En la época de Lutero, lo que hoy llamamos Alemania formaba parte del Sacro Imperio Romano Germánico, que en aquella época abarcaba lo que hoy es Alemania, Austria, Suiza, parte de Francia, parte de Italia y parte de Polonia. En consecuencia, en lugar de ser enviado a Roma, Lutero tuvo la opción de acudir al parlamento imperial de la ciudad alemana de Augsburgo en octubre de 1518.

Aquí Lutero fue interrogado personalmente por el legado papal de Augsburgo, un tipo llamado cardenal Cayetano, durante tres días. Fue el cardenal Cayetano quien insistió repetidamente en que Lutero estaba equivocado y le exigió que corrigiera sus "errores" sobre la práctica de las indulgencias y sus opiniones sobre el alcance de la autoridad papal. Sin embargo, Lutero se negó y, poco después, el cardenal Cayetano tachó a Lutero de hereje y pidió a las autoridades alemanas que "lo enviaran a Roma o lo echaran de Sajonia".

El propio Lutero sabía que su libertad corría mucho peligro en ese momento, y por ello abandonó rápidamente Augsburgo para dirigirse a un terreno más seguro en el norte de Alemania. Nuevamente, es importante considerar la situación política de la región en ese momento. La tierra que más comúnmente llamamos Alemania formaba parte del Sacro Imperio Romano. En 1518, este imperio estaba gobernado por el emperador del Sacro Imperio Romano Germánico, Maximiliano I. El destino quiso que Maximiliano falleciera abruptamente en enero de 1519. Esto dejó a su nieto, Carlos V, como su sucesor.

Carlos no podía convertirse en el gobernante oficial del Sacro Imperio Romano Germánico hasta que fuera elegido por los siete electores imperiales —sí, curiosamente, el emperador del Sacro Imperio Romano Germánico era elegido en última instancia por un "colegio electoral". De la misma manera que un presidente de los Estados Unidos es elegido por los electores repartidos en cincuenta estados, el emperador del Sacro Imperio Romano Germánico era puesto en el poder por los siete electores del Imperio romano germánico, que también estaban a cargo de varios principados de la región.

Los electores designaban al siguiente candidato monárquico como emperador electo antes de que el papa diera la confirmación definitiva. Todo esto podría sonar casi divertido para un lector estadounidense debido a sus similitudes con el colegio electoral de Estados Unidos, los electores y el concepto de tener un presidente electo hasta que el nuevo líder sea confirmado oficialmente. Pero resulta que los padres fundadores de Estados Unidos tomaron prestadas muchas de sus ideas de otros lugares y épocas; el concepto de colegio electoral fue una de esas nociones que injertaron en la constitución estadounidense.

En cualquier caso, los electores representaban territorios importantes como Colonia, Maguncia, Tréveris, Sajonia, el Palatinado del Rin, el Margrave de Brandemburgo y Bohemia. Estas regiones formaban lo que se conocía como la "Dieta Imperial", que se consideraba un órgano deliberativo del Sacro Imperio Romano Germánico. Fue en este foro deliberativo donde tendrían lugar gran parte de los debates posteriores de Lutero.

En el momento de la muerte de Maximiliano, Lutero vivía bajo la jurisdicción del elector de Sajonia, el príncipe alemán Federico III. Federico era un conservador en materia de religión, pero también resultó ser el fundador de Wittenberg y un defensor incondicional de su teólogo residente: Martín Lutero. Lutero tenía un gran protector en la forma de Federico III, y como tal, Roma tenía que actuar con cautela al tratar con él. Podían llamarle hereje, pero para que el papa no se enemistara con uno de los electores del Sacro Imperio Romano, Roma no podía intervenir directamente.

# Capítulo 3 - Martín Lutero se prepara para la batalla

*"El mundo no quiere ser castigado. Quiere permanecer en la oscuridad. No quiere que se le diga que lo que cree es falso. Si tampoco quiere ser corregido, entonces podría dejar la iglesia y pasar su tiempo en el bar y el burdel. Pero si quieres salvarte y recordar que hay otra vida después de ésta debes aceptar la corrección".*

*- Martin Lutero*

La providencia divina o simplemente la buena suerte crearon unas circunstancias bastante fortuitas para Martín Lutero en 1519. Ese año murió el emperador del Sacro Imperio, Maximiliano, y comenzó la contienda para que el colegio electoral del Sacro Imperio Romano declarara un nuevo emperador. Mientras tanto, el mini-gobernante del lugar donde residía Lutero —el príncipe Federico III, elector de Sajonia— era un hombre que estaba decidido a mantener el reino bajo su control y totalmente libre de la interferencia romana.

La Universidad de Wittenberg, en la que Lutero enseñaba, era también un lugar de extrema importancia para la región, y Lutero era un valioso miembro de la facultad. Por ello, Federico III no iba a permitir que los poderosos de Roma se llevaran a Lutero sin más. Por el contrario, Federico se mantuvo firme en que Lutero, como teólogo alemán, debía ser juzgado por un tribunal alemán.

El papa León X, por su parte, no estaba dispuesto a tentar la suerte en el asunto, ya que dependía del elector Federico en lo que respecta al voto electoral. Lutero, mientras tanto, dependía de la protección de este valioso elector. Con esta seguridad siguió debatiendo con el clero católico.

Uno de los debates más famosos tuvo lugar en junio de 1519, cuando Lutero se dirigió a Leipzig para enfrentarse a Johann Eck, un fiel miembro de la Iglesia católica romana. Eck era considerado un teólogo inteligente y estimado entre sus pares, pero Lutero se refirió a él como nada más que una "pequeña bestia hambrienta de gloria". En su debate con Eck, Lutero subrayó que la doctrina cristiana no debía estar dirigida por la supuesta infalibilidad del papa, sino por la Biblia, o como decía Lutero, "la palabra infalible de Dios".

Eck fue bastante beligerante en sus intentos de rebatir las afirmaciones de Lutero, pero insistió dogmáticamente en que era una herejía cuestionar la fidelidad al papa. Lutero, sin embargo, se apresuró a señalar que la Iglesia primitiva (como en los días de los apóstoles y poco después) no tenía ninguna autoridad papal que seguir, y la Iglesia ortodoxa griega, que se había separado de la Iglesia católica desde el Gran Cisma, tampoco seguía ya las directrices del papa. Lutero utilizó estos dos precedentes para reforzar su afirmación de que el papa no debía ser la autoridad absoluta en materia de fe.

Lutero aún no había roto oficialmente con el papa; solo subrayaba la necesidad de poder cuestionar las directrices papales. Aun así, en comunicaciones más privadas, Lutero había llegado a especular abiertamente que tal vez el papa era "el propio Anticristo". Lutero no estaba preparado para la magistral actuación del avezado polemista Johann Eck. El discurso de Lutero fue apresurado, y se dice que parecía agitado e incluso un poco desquiciado durante todo el encuentro.

El público tampoco pareció muy satisfecho cuando Lutero comenzó a sugerir que el purgatorio podría no ser bíblico después de todo, aunque teólogos como Eck estaban más que dispuestos a señalar escrituras específicas para reforzar su interpretación. Pero el momento en que Eck se desahogó realmente con Lutero fue cuando mencionó a Juan Huss, un reformador que vivió unos 100 años antes y que fue quemado en la hoguera por sus creencias. Probablemente, Eck sacó a relucir a Huss para asustar a Lutero y recordarle lo que podría ocurrirle si persistía.

Sin embargo, Lutero se negó a retroceder y comentó que Huss podía tener mucha razón en algunas de sus afirmaciones. Uno puede imaginarse el grito ahogado de los asistentes. Esta era la trampa que Eck había tendido a Lutero, y no dudó en aprovecharla. Tan pronto como tuvo a Lutero identificándose con un hereje confirmado, fue fácil para Eck pintar a Lutero como uno e igual.

Poco después de su compromiso con Johann Eck, las universidades locales comenzaron a actuar contra Lutero, y muchas de ellas quemaron sus escritos y se pronunciaron contra él. Pero Martín Lutero demostró ser un político tan astuto como un teólogo. Mientras se alentaba al clero a condenar a Lutero, éste se ponía en contacto con todos los principales actores políticos de la región y avivaba su sentimiento de nacionalismo, en oposición a lo que se percibía como una injerencia extranjera.

Sí, por mucho que Martín Lutero fuera un reformador religioso, en muchos sentidos, también era un nacionalista alemán que denunciaba la injerencia extranjera de Roma. Como tal, no dudó en aprovechar la vena independiente de las autoridades alemanas para animarlas a ayudarle en su reforma de la iglesia. Les informó de que la Biblia llama a todos los cristianos a actuar y dejó claro que no necesitaban esperar las directrices papales de Roma para hacerlo.

Como es de imaginar, la Iglesia católica no se tomaría a bien estas cosas. Para el siguiente verano de 1520, el papa emitió una bula (edicto oficial) en la que las filosofías de Martín Lutero eran calificadas de "virus venenoso". El papa destacó lo que percibía como cuarenta errores diferentes en la ideología de Martín Lutero y le dio sesenta días para presentarse ante el Vaticano para responder a estos supuestos errores o arriesgarse a ser excomulgado de la iglesia.

Sin embargo, Martín Lutero no se inmutó ni se amilanó en absoluto. Sesenta días después, en lugar de presentarse a Roma, Lutero y sus seguidores encendieron una hoguera en la que quemaron literatura católica romana, incluida la misma bula papal que le habían enviado. Mientras Lutero arrojaba la bula papal al fuego, se dice que declaró con respecto al papa: "Porque has confundido la verdad de Dios, hoy el Señor te confunde a ti. ¡Al fuego contigo!".

El papa finalmente respondió a este desafío emitiendo otra bula papal el 3 de enero de 1521, que excomulgaba oficialmente a Martín Lutero, así como a los que le seguían. Se le acusó de tener una mente depravada y de ser el líder de una "secta perniciosa y herética". En el pasado, una condena de este tipo habría llevado a los culpables de las transgresiones a Roma para enfrentar el castigo, pero Lutero siguió siendo protegido por el gobernante local, Federico III.

En lugar de ser extraditado a Roma, se le pidió a Lutero que se presentara en la siguiente reunión programada de la Dieta Imperial, que tendría lugar en una ciudad llamada Worms. Esta reunión sería presidida por el recién elegido emperador del Sacro Imperio, Carlos V. Esto le garantizaba a Lutero un pasaje seguro al foro, pero aún existía el riesgo de que fuera capturado clandestinamente por fuerzas que trabajaban para el Vaticano y llevado a enfrentarse con el papa.

El propio Martín Lutero sabía muy bien el riesgo que corría al acudir a la Dieta de Worms, pero decidió que debía mantenerse firme a pesar de todo. Expresó su sentimiento a un confidente suyo de la época diciendo: "Si Dios no quiere preservarme, entonces mi cabeza es de poca importancia comparada con Cristo". Lutero pensó que, si Dios quería que él y su obra continuaran, su seguridad estaría garantizada. Si no, entonces no tendría mucha importancia a largo plazo. Armado con nada más que su fe, Martín Lutero estaba listo para la batalla.

# Capítulo 4 - La Dieta de Worms y la guerra de las palabras

*"Debemos hacer una gran diferencia entre la Palabra de Dios y la palabra del hombre. La palabra de un hombre es un pequeño sonido, que vuela en el aire, y pronto se desvanece. Pero la Palabra de Dios es más grande que el cielo y la tierra. Sí, más grande que la muerte y el infierno. Porque forma parte del poder de Dios, y perdura eternamente".*

- Martin Lutero

Antes de ser convocado a presentarse ante la Dieta Imperial de Worms para ser interrogado, la seguridad de Martín Lutero había sido asegurada por su benefactor local, el elector de Sajonia. En principio, estaba a salvo en los estados alemanes del Sacro Imperio Romano Germánico, pero llegar a Worms seguía representando un cierto riesgo, hecho que fue señalado por el emperador del Sacro Imperio Romano Germánico al ordenar la incautación de ciertos textos que Lutero había escrito. Al parecer, el nuevo emperador trataba de ir sobre seguro para que el papa no pensara que estaba siendo amistoso con un conocido hereje.

Lutero compareció ante la Dieta el 17 de abril de 1521. El poder de la creciente celebridad de Lutero quedó demostrado una vez más en este evento. Se dice que la población de la ciudad de Worms se duplicó debido a la afluencia de espectadores que simplemente deseaban echar un vistazo al hombre que había suscitado tanta controversia.

Sin embargo, a diferencia de sus otros compromisos notorios, Lutero no estaba allí para debatir. Durante la Dieta de Worms, se esperaba que Lutero solo hablara cuando se le hiciera una pregunta directamente. Cuando se le presentaron sus propias obras escritas, por ejemplo, se le preguntó: "¿Son estos sus libros?". Y cuando Lutero confirmaba que lo eran, se le preguntaba si quería renunciar a lo que había escrito, a lo que, por supuesto, Lutero se negaba.

Lutero sabía que esto iba a ocurrir y, de hecho, había bromeado con uno de sus amigos de antemano comentando: "Esta será mi retractación en Worms: 'Antes dije que el papa es el vicario de Cristo. Me retracto. Ahora digo que el papa es el adversario de Cristo y el apóstol del Diablo'". En otras palabras, en lugar de disculparse y retractarse de sus comentarios anteriores, Lutero pretendía redoblar la apuesta.

A pesar de su bombo y platillo antes de su llegada, una vez sentado ante los altos miembros del clero, Lutero pareció perder momentáneamente su valor. Con voz temblorosa y malhumorada, Lutero pidió que le dieran un poco de tiempo para considerar las consecuencias. Ecken y sus colegas discutieron entonces el asunto y, aunque en contra del buen juicio de Ecken, llegaron al consenso de que se le diera a Lutero un tiempo para reflexionar. De hecho, le dieron un día entero, despidiendo al monje y ordenándole que volviera al día siguiente. Lutero se encontraba en una encrucijada y luchaba contra su propia voluntad. El futuro de la Reforma, mientras tanto, dependería de lo que él decidiera hacer a continuación. Después de que se le permitiera consultarlo con la almohada, Lutero regresó efectivamente a la dieta al día siguiente, el 18 de abril. Esta vez, fue llevado a una sala mucho más grande que permitió que se reuniera una mayor multitud para ver el evento principal. Lutero fue sometido de nuevo a varias rondas de interrogatorios, pero esta vez estaba notablemente más tranquilo y parecía estar mucho mejor preparado para la ocasión. Se mantuvo firme en sus enseñanzas anteriores, explicando que su trabajo se dividía en tres categorías. Una categoría era su comentario a las Escrituras, otra su crítica a lo que él percibía como errores del Vaticano, y la tercera eran sus escritos dirigidos a los que discutían su teología.

El mayor fundamento que daría Lutero era admitir que algunos de sus tratados que criticaban a miembros individuales del clero podían haber ido un poco lejos en su naturaleza vitriólica. Pero, aunque su elección de palabras podía ser un poco sensacionalista a veces, sostenía que su intención era buena y que las obras en sí no debían ser prohibidas. Lutero defendía su obra, aunque reconocía sus propios rasgos de carácter defectuosos, admitiendo: "No me erijo en santo".

Lutero sostenía que solo utilizaba ese lenguaje exagerado para hacer entender su punto de vista cuando consideraba que otros debían ser corregidos. Además, insistió en que no podía retractarse de sus escritos anteriores porque realmente creía que el papa necesitaba ser corregido de su idolatría y tiranía. Luego desafió a sus interrogadores sugiriendo que, si podían probar que sus escritos contradecían las Escrituras, él sería el primero en "arrojarlos a las llamas".

Sin embargo, el objetivo principal de este supuesto juicio no era tanto entender las creencias de Lutero como conseguir que se retractara de ellas. A sus interrogadores no les impresionó en absoluto su interpretación de las Escrituras o de la filosofía. Ecken, cansado de las largas respuestas de Lutero, en un momento dado le informó sin rodeos de que "dudaba de que Lutero hubiera descubierto algo nuevo en el cristianismo después de quince siglos de historia".

A pesar de lo conflictivo de todo este episodio, hacia el final de su interrogatorio, Lutero trató de dar un tono más conciliador sugiriendo que agradecía la vigorosa discusión que sus palabras habían provocado. Declaró: "Debo decir que para mí es un espectáculo gozoso ver que surgen pasiones y conflictos en torno a la Palabra de Dios. Porque así es como actúa la Palabra de Dios. Como dijo el Señor Jesús, 'no he venido a enviar la paz, sino la espada'". Sin embargo, las palabras de Lutero no gustaron a su interrogador, Johann von der Ecken, quien llegó a acusar a Lutero de arrogante insolencia en sus comentarios.

Ecken volvió a exigir a Lutero que dijera si tenía intención de retractarse o de mantener sus afirmaciones. Al cabo de un momento, Lutero emitió su respuesta. En palabras que pasarían a la historia, declaró con firmeza: "A menos que me convenzan las Escrituras y la simple razón —no acepto la autoridad de papas y concilios, pues se han contradicho entre sí—, mi conciencia es cautiva de la Palabra de Dios. No puedo y no me retractaré de nada, porque ir en contra de la conciencia no es ni correcto ni seguro. Aquí estoy. No puedo hacer otra cosa. Que Dios me ayude. Amén".

Ecken criticó a Lutero por pretender ser más sabio que todos los maestros de la iglesia y tener un mejor conocimiento de la Biblia que ellos. El emperador del Sacro Imperio, Carlos, tampoco estaba muy impresionado. Aunque le garantizó a Lutero una salida segura del foro, el emperador hizo saber su descontento. Emitió un edicto oficial en el que declaraba que Lutero debía ser "tenido en detestación como miembro separado de la Iglesia de Dios, autor de un cisma pernicioso, hereje manifiesto y obstinado".

Tal decreto ponía a Lutero en una posición muy precaria, ya que cualquiera en la calle que estuviera dispuesto a actuar contra él parecería tener ahora el pleno respaldo no solo de la Iglesia católica, sino también del Sacro Emperador Romano. El emperador romano había garantizado el paso seguro de Lutero, por lo que no podía simplemente hacer que una de sus tropas matara a Lutero, pero nada impediría que un transeúnte cualquiera hiciera el trabajo sucio por él. Por lo tanto, al salir de la Dieta de Worms, Lutero tuvo que estar en guardia para que no fuera capturado por algún fanático católico empeñado en vengarse del papa.

Lutero no sería asaltado durante su viaje de regreso a Wittenberg. En cambio, sería interceptado por emisarios de su protector, el elector de Sajonia. Estos hombres escenificaron un secuestro para poner a Lutero directamente bajo su custodia. Lutero fue retenido en el castillo de Wartburg (torre de vigilancia, en alemán), donde, bajo el cuidado de su poderoso amigo, se puso a trabajar en la traducción de la Biblia al alemán, una traducción en la que Lutero relegaría más tarde los libros tradicionales que consideraba menos inspirados, como el libro de Santiago, Hebreos e incluso el texto profético del Apocalipsis, a un apéndice en la parte posterior.

Sin embargo, lo más importante para el movimiento fue su decisión de prescindir de libros del Antiguo Testamento como el libro de los Macabeos, ya que era de este libro de donde la Iglesia católica señalaba versos que parecían justificar sus conceptos tanto del purgatorio como de las indulgencias. Las Biblias protestantes posteriores seguirían omitiendo los Macabeos, pero irían en contra de la directriz de Lutero de minimizar la importancia de libros como Santiago, Hebreos y Apocalipsis, permitiéndoles permanecer intactos.

Aislado en el castillo de Warburg, Martín Lutero se dejó crecer el pelo, se vistió de caballero y se hizo llamar "Junker Jorg", o "Caballero Jorge". Mientras tanto, en la Universidad de Wittenberg, los seguidores de Lutero intentaban continuar la reforma que éste había iniciado. A la cabeza de este grupo de jóvenes eruditos estaba un joven llamado Felipe Melanchthon.

Felipe trató de mantener su posición en el movimiento de la Reforma, pero al final se vio demasiado abrumado por las fuerzas más conservadoras y fue silenciado. Pero, afortunadamente para el movimiento, uno de los colegas de Felipe, un tal profesor Andreas Karlstadt, se armó de valor para continuar. Fue Karlstadt quien empezó a tomar algunas de las ideas de Lutero y a ponerlas en práctica, como, por ejemplo, abstenerse de usar las vestimentas tradicionales de un sacerdote al dirigir la misa.

Karlstadt también pondría en práctica más tarde (y de forma bastante dramática) otra de las objeciones de Martín Lutero a la tradición católica al retirar su voto de celibato y casarse con una joven llamada Anna von Mochau, con la que se casó en enero de 1522. Aunque él mismo seguía siendo un monje célibe en ese momento, Lutero se opuso a la idea de que los sacerdotes debían ser célibes. Lutero había declarado que tales votos hechos por el hombre eran un "vano intento de ganar la salvación" y que, en última instancia, eran ilegítimos y falsos.

Con su matrimonio con Anna von Mochau, Karlstadt demostró que estaba de acuerdo con la opinión de Lutero. El propio Martín Lutero acabaría casándose también. Se pueden entender las críticas posteriores a Lutero por parte de la Iglesia católica, que consideraban que era simplemente un monje lujurioso que quería casarse. Pero esto, por supuesto, pasa por alto los defectos fundamentales que Lutero veía en la enseñanza de la iglesia en ese momento. Lutero no quería simplemente romper la tradición y hacer lo que le diera la gana: tenía serios problemas con las enseñanzas de la Iglesia católica.

Aunque inicialmente Lutero solo quería reformar la Iglesia católica, la Reforma tomaría una forma militante que difícilmente podría haber imaginado. Al principio de su estancia en el castillo de Wartburg, se enteró de la aparición de varias divisiones doctrinales y sectas. Los enfrentamientos teológicos creaban tensiones no solo para el clero, sino también para los dirigentes políticos locales, ya que la agitación de las sectas a favor y en contra de la Reforma era a menudo tan volátil que rozaba la violencia.

El príncipe Federico, protector personal de Martín Lutero, temía que la situación se volviera demasiado caótica como para poder mantener el gobierno. Lutero llegó a expresar su alarma por lo que estaba ocurriendo. En un momento dado, escribió sus pensamientos, afirmando: "He estado esperando que Satanás atacara este punto sensible, pero decidió no utilizar a los papistas. Ahora está haciendo esfuerzos en y entre nosotros, los evangélicos, para producir el peor cisma imaginable. Que Cristo lo pisotee rápidamente".

Martín Lutero parecía creer que las fuerzas caóticas que ayudó a desatar eran de alguna manera de influencia satánica. Al enterarse de la agitación, Lutero ya no podía quedarse de brazos cruzados y, a pesar del riesgo que suponía para su bienestar personal, abandonó su exilio en el castillo de Wartburg y se dirigió de nuevo a la Universidad de Wittenberg en la primavera de 1522.

A su regreso a Wittenberg, Lutero se dedicó a intentar restablecer una apariencia de paz. Pronunció varios sermones, conocidos como sus "Sermones de Invocación", llamados así porque comenzaban en el Domingo de Invocación, el primer domingo de Cuaresma. En sus observaciones, Lutero dejó claro que creía que algunos de sus seguidores estaban llevando las cosas demasiado lejos. Subrayó que la reforma debía ser un proceso gradual y lento, y no un cambio revolucionario absoluto. Lutero sostenía que los cristianos debían ser guiados lentamente para salir de las viejas costumbres de la iglesia. Como dijo: "Nadie debe ser arrastrado hacia ella [la Iglesia católica] ni alejado de ella por los pelos, pues no puedo conducir a nadie al cielo ni golpearlo con un garrote".

En este momento, Lutero se encontró en desacuerdo con su antiguo aliado Karlstadt, a quien inmediatamente prohibió el púlpito y denunció como un "espíritu rebelde, asesino y sedicioso". Karlstadt parece haber llevado las reformas de Lutero demasiado lejos y demasiado rápido para su autor. Karlstadt, sin inmutarse por la reacción de Lutero, se apresuró a tachar a éste de ser nada más que un reformista de medio pelo que no era mejor que el papa.

Además, Lutero no está de acuerdo con las reformas que Karlstadt intenta llevar a cabo. En especial, Lutero desprecia la decisión de Karlstadt de suprimir el bautismo de niños. Lutero había aprendido hace mucho tiempo, como monje agustino, que todos nacen con la mancha del pecado original y creía que el bautismo infantil era necesario para eliminarla. Lutero se aferraría a esta creencia durante el resto de su vida, y en lo que respecta al menos a esta antigua práctica de la iglesia, desafió a cualquier reformador que intentara omitirla.

Martín Lutero se enfrentó a Karlstadt con uñas y dientes por esta y otras muchas cuestiones. A costa de un antiguo amigo y aliado, Lutero se reafirmó como líder del movimiento. Bajo la mano mucho más firme de Lutero, la situación en Wittenberg volvió a estar bajo control. Pero muy pronto, los temblores de la Reforma abrirían nuevos caminos más allá, y ni siquiera la hábil oratoria de Martín Lutero sería capaz de contenerla tan fácilmente.

En Suiza, por ejemplo, surgió un destacado rival en la forma de un predicador suizo llamado Ulrico Zuinglio. En 1522, durante la Cuaresma, Zuinglio rompió la tradición a lo grande al organizar una reunión en la que los feligreses comían salchichas. Esto podría sonar casi gracioso hoy en día, pero en aquel momento fue un gran problema, ya que rompió la estipulación tradicional de no comer carne antes de la Pascua.

Reformadores como Zuinglio aprovecharon el sentimiento popular local en el que la gente (los pueblos germánicos, especialmente) deseaba anular algunas de las prácticas impuestas por la Iglesia católica romana y recuperar las tradiciones culturales locales. Iban a comer salchichas tanto si el papa les condenaba por ello como si no. Lutero fue sin duda el inspirador de este repentino desafío.

Otro vástago directo de la Reforma que había iniciado Lutero fue un predicador local llamado Thomas Müntzer. Müntzer había sido un seguidor de Lutero que se interesó tempranamente por sus enseñanzas. De hecho, fue Lutero quien había instalado a Thomas Müntzer como sacerdote en Zwickau en 1520. Sin embargo, Thomas deseaba avanzar a un ritmo mucho más rápido que Lutero, y en consecuencia se encontró en desacuerdo tanto con Lutero como con la Iglesia católica.

Debido a la discordia surgida, Thomas Müntzer no tardó en dar la espalda a Lutero. Comenzó a criticar a Lutero por no aceptar su visión profética. Sintiendo que Lutero era un poco demasiado cómodo para ser el líder religioso revolucionario que el pueblo necesitaba, Müntzer comenzó a burlarse de Martín Lutero, llamándolo "Hermano Cerdo Engordado" y "Hermano Vida Blanda".

No solo eso, Müntzer comenzó a abogar por el derrocamiento violento de aquellos que, en su opinión, no hacían lo suficiente para reformar la Iglesia católica. En un momento dado, Thomas Müntzer declaró sin reparos: "Los ángeles que afilan sus hoces para el corte son los fervientes servidores de Dios que cumplen con el celo de la sabiduría divina". Fue este reformador radical —Thomas Müntzer— y su militancia lo que finalmente llevaría a una guerra total.

# Capítulo 5 - La Reforma se calienta

*"Si alguien intentara gobernar el mundo por medio del Evangelio y abolir toda ley temporal y blanda la espada con el argumento de que todos están bautizados y son cristianos, y que, según el Evangelio, no habrá entre ellos ni ley ni espada, ni necesidad de ninguna de ellas, dígame, amigo, ¿qué estaría haciendo? Estaría soltando las cuerdas y las cadenas de las fieras salvajes y dejándolas morder y destrozar a todo el mundo, mientras insiste en que son criaturas inofensivas, mansas y gentiles; pero yo tendría la prueba en mis heridas. De la misma manera, los malvados, bajo el nombre de cristianos, abusarían de la libertad evangélica, llevarían a cabo sus bribonadas e insistirían en que eran cristianos no sujetos a la ley ni a la espada, como algunos ya están delirando y despotricando".*

*- Martin Lutero*

El reformador radical, Thomas Müntzer, deseaba llevar a cabo un cambio mucho más rápido de lo que le hubiera gustado a Martín Lutero. El antiguo alumno tachó a Lutero de blando y le exigió que desarrollara una postura más agresiva contra la enseñanza católica. Para castigar esta supuesta blandura, Müntzer escribió el tratado "Una defensa y respuesta muy provocada a la carne sin espíritu y blanda de

Wittenberg, que ha ensuciado lamentablemente el penoso cristianismo de forma pervertida con su robo de las Sagradas Escrituras".

Thomas Müntzer, por su parte, abogaba por la violencia y la destrucción abiertas, lo que dio lugar a amplios disturbios en los que se atacó tanto a las iglesias como al clero. En 1524, Müntzer se dirigió a la ciudad de Mühlhausen, en la región de Turingia, donde se reunió con un ferviente reformador llamado Heinrich Pfeiffer y elaboró una lista de demandas llamada los "Once artículos de Mühlhausen", en la que ambos intentaban presionar al gobierno local para que se ajustara mejor a su interpretación de lo que llamaban la verdad bíblica.

Las presiones de Müntzer en favor de una reforma revolucionaria acabarían desembocando en las terribles luchas internas de 1525, conocidas como la guerra de los Campesinos. La guerra de los Campesinos fue un levantamiento popular de la clase campesina no solo contra la Iglesia católica, sino también contra toda la nobleza terrateniente; fue tanto una guerra económica y política como religiosa. Los campesinos oprimidos intentaban utilizar las enseñanzas de Martín Lutero contra ciertas normas de la Iglesia católica como motivo para derribar todo el control que el statu quo ejercía sobre ellos.

Este fenómeno aterrorizó a Martín Lutero, que rápidamente trató de distanciarse de él. Poco después de que estallaran los disturbios, Lutero publicó un tratado en el que pedía abiertamente la destrucción de los implicados, refiriéndose a los radicales como nada más que "hordas de campesinos ladrones y asesinos". Se debe recordar que, aunque Lutero se rebelaba contra algunos elementos de la corriente dominante, como la Iglesia católica romana (y quizá el emperador del Sacro Imperio Romano Germánico), contaba con el apoyo de la nobleza alemana. Su aliado número uno, después de todo, era el elector de Sajonia.

Martín Lutero, por tanto, no perdió tiempo en ponerse del lado de las clases altas en este caso e hizo saber que deseaba que los disturbios cesaran inmediatamente. Los deseos de Lutero se cumplirían cuando la revuelta fue aplastada y el propio Thomas Müntzer fue detenido y ejecutado. Müntzer había intentado desencadenar una rebelión mayor en la región de Turingia, pero muchos de los campesinos abandonaron la causa cuando los poderes regionales se unieron a ellos.

De los que decidieron quedarse, unos 6.000 fueron asesinados y otros 600 tomados prisioneros. Entre los prisioneros estaban Thomas Müntzer y Heinrich Pfeifer; ambos fueron torturados y obligados a retractarse. Luego les cortaron la cabeza y los empalaron en picas.

Lutero había comenzado sus protestas contra la Iglesia católica en oposición a la mano dura, pero cuando se trataba de aquellos que eran demasiado radicales para su gusto, consideraba que su aniquilación era bastante justificable. Como expresó en su "Contra las hordas de campesinos ladrones y asesinos", sostuvo: "Es como cuando uno debe matar a un perro rabioso; si no lo golpeas, él te golpeará a ti, y a toda una tierra contigo". Irónicamente, las autoridades católicas, al igual que las protestantes, comenzaron a utilizar las propias palabras de Martín Lutero como justificación para aplastar las rebeliones campesinas de todo tipo inspiradas en la Reforma. Es realmente irónico que Lutero, un hombre que inició el deseo de alejarse de la doctrina religiosa autoritaria, comenzara a denunciar abiertamente a aquellos con los que no estaba de acuerdo, ¡o incluso a aquellos que simplemente estaban en desacuerdo con él!

Esto se indicó cuando, poco después de su publicación de *Contra las hordas asesinas y ladronas de campesinos*, escribió una carta abierta al texto anterior en la que proclamaba ominosamente: "Debo advertir a los que critican mi libro que contengan sus lenguas y tengan cuidado de no cometer un error y perder sus propias cabezas". Evidentemente, Lutero estaba dispuesto no solo a combatir verbalmente a sus oponentes, sino a emplear la fuerza física si era necesario.

En Suiza, mientras tanto, Ulrico Zuinglio estaba haciendo algunas olas importantes. En 1522, había intervenido en una controversia sobre el ayuno durante la Cuaresma. Varios feligreses habían decidido romper la regla de abstenerse de comer carne, y Zuinglio apoyó su decisión. Incluso publicó un tratado al respecto llamado "La libertad de elección en la selección de alimentos".

En esta obra, Ulrico Zuinglio insistió en que "el ayuno era una tradición humana, no un mandato divino, y por lo tanto era una cuestión para la conciencia del cristiano individual, no un asunto que las autoridades debían legislar". Zuinglio también era bastante experto en utilizar las Escrituras para justificar sus argumentos, hasta el punto de que los funcionarios locales decidieron reformar las normas relativas a la Cuaresma si la ortodoxia religiosa no podía encontrar argumentos bíblicos igualmente convincentes para respaldar sus tradiciones.

Después de exponer ingeniosamente por qué los hábitos dietéticos no debían ser controlados por la Iglesia católica, Zuinglio y sus seguidores pasaron a abordar el argumento sobre la veneración de los santos. Zuinglio se opuso a ella. También desafió la práctica católica de imponer el celibato entre el sacerdocio. Zuinglio insistió en que, dado que los primeros líderes de la Iglesia, como el apóstol Pedro, habían estado casados, no había razón para imponer una prohibición general del matrimonio al clero. El argumento era personal para Ulrico Zuinglio, ya que él mismo formaba parte de un matrimonio clandestino, casado con una viuda llamada Anna Reinhart.

Es importante señalar que Martín Lutero también se casó en esa época. Su matrimonio se debió a un episodio bastante dramático en 1523, cuando ayudó a escapar de un convento a una monja llamada Catalina von Bora. Resulta que Catalina no estaba en el convento por decisión propia, sino que fue colocada allí por su padre poco después del fallecimiento de su madre. Su padre volvió a casarse y Catalina se quedó en el convento simplemente por conveniencia de su padre. Al enterarse de la situación de esta infeliz monja, Lutero ayudó a Catalina y a otras once monjas a abandonar el convento que las retenía, sacando a las hermanas del lugar en barriles de arenque.

Tras conseguir su liberación, Martín Lutero puso a Catalina al cuidado de un prominente abogado llamado Felipe Reichenbach. Catalina tenía entonces unos veinte años, y en el siglo XVI las opciones para una mujer joven como Catalina eran bastante limitadas. Dado que a la mayoría de las mujeres no se les permitía ser su propio sostén, la mejor vía de seguridad era el matrimonio. Lutero se encontró en el papel de casamentero, tratando de presentar a Catalina a posibles pretendientes que pudieran darle un hogar.

Sin embargo, todos los pretendientes que le proporcionó Lutero fracasaron. Mientras tanto, Lutero, que en ese momento tenía más de cuarenta años, se enamoró de Catalina. Este creciente afecto culminó con su matrimonio el 13 de junio de 1525. Otros protestantes siguieron el ejemplo de Martín Lutero y Ulrico Zuinglio en lo que respecta al celibato y al derecho de los cristianos a casarse.

En cualquier caso, el tema común de todos los argumentos de Zuinglio era que la Biblia debía ser la autoridad última de la vida cristiana y no la Iglesia católica romana o los gobernantes locales. Este punto de vista, que de hecho estaba a la par con el de Martín Lutero, fue claramente explicado en La claridad y la certeza de la Palabra de Dios de Ulrico Zuinglio. De manera similar a Martín Lutero, también pronunció tesis. Sí, al igual que Lutero había repartido sus noventa y cinco tesis, Zuinglio elaboró sus propios sesenta y siete artículos, en los que se extendía para explicar en qué aspectos consideraba que la Iglesia necesitaba una reforma seria.

Fue en 1525 cuando Zuinglio y sus seguidores lograron un gran éxito cuando el consejo local de la ciudad de Zúrich decidió abolir formalmente el requisito de la misa, permitiendo a los ciudadanos realizar los servicios de comunión a su manera y, lo que es más importante, en su propio idioma. En lugar del latín, que la mayoría de los suizos no entendía, los servicios podían celebrarse ahora en alemán. Ulrico Zuinglio había logrado una reforma significativa por medios pacíficos, incluso mientras la revuelta campesina de Müntzer se hundía.

Pero los esfuerzos de Zuinglio no serían incruentos. El primer signo importante de discordia en la Reforma de Zuinglio fue cuando un grupo de compañeros reformistas suizos decidió que no quería seguir la tradición católica de bautizar a los niños. Argumentaron que los cristianos del Nuevo Testamento nunca bautizaron a los niños, sino a los adultos. Por lo tanto, determinaron que solo los adultos debían ser bautizados en su época, también. Al igual que Martín Lutero antes que él, Ulrico Zuinglio aparentemente consideró que esta era una posición demasiado extrema.

Zuinglio deseaba mantener la práctica del bautismo que ya tenía la Iglesia católica y se burló de los reformadores del bautismo como "antibautistas", o como se les conocería más tarde, "anabaptistas". Sin embargo, para gran consternación de Zuinglio, la ideología anabaptista empezó a calar en la ciudad suiza de Zúrich, lo que llevó a algunos padres a negarse a bautizar a sus bebés. Cuando los predicadores laicos se levantaron para bautizar o rebautizar a los cristianos adultos, Zuinglio cuestionó los motivos de los instigadores.

En lugar de sentir que sus esfuerzos eran de inspiración divina, Zuinglio llegó a creer que se trataba de simples buscadores de atención que tenían una enorme sed de fama. Las cosas tomaron un giro bastante feo en 1526 cuando el gobierno local trató de frustrar el movimiento declarando que cualquiera que persistiera en desafiar la doctrina oficial de la Iglesia sobre el bautismo sería condenado a morir ahogado. Se dice que esta fue "una forma de castigo elegida deliberadamente para burlarse de la práctica anabaptista".

Aunque Zuinglio había denunciado a los reformadores suizos más radicales, poco después de una gran ofensiva contra los anabaptistas, él también fue cuestionado. Se le pidió que se reuniera nada menos que con Johann Eck, que había cuestionado a Lutero en la Dieta de

Worms, para hablar en una disputa similar en la ciudad suiza de Baden. A diferencia de Lutero, que había respondido al desafío que le planteó Eck, Zuinglio se negó, y esta sola negativa bastó para que se le tildara de hereje.

Esto significó que todas las obras escritas anteriormente por Zuinglio fueron consideradas heréticas también. Aunque Zuinglio no era exactamente un militante antes, después de ser condenado como hereje, ciertamente se convertiría en uno. A diferencia de los anabaptistas, que solían sufrir como pacifistas perseguidos, estaba dispuesto a liderar una facción agresiva de reformadores suizos.

Martín Lutero, por su parte, estaba ya tan en contra de Zuinglio como los católicos. En su obra de 1528, titulada *Confesión sobre la Cena de Cristo*, declaró sin reparos: "Considero a Zuinglio un anticristiano, con todas sus enseñanzas, pues no sostiene ni enseña correctamente ninguna parte de la fe cristiana. Es siete veces peor que cuando era papista". Estas fueron palabras bastante duras de un hombre que había sido tan severamente perseguido por sus propias creencias.

Zuinglio finalmente encontró su fin el 11 de octubre de 1531, cuando un ejército católico se levantó contra él y sus reformadores en Zúrich. Se dice que el propio Ulrico Zuinglio murió en el campo de batalla con una espada en la mano, haciendo honor a la advertencia de Jesús de que "los que viven por la espada" seguramente también "morirán por la espada". Se dice que las tropas católicas que se encontraron con Zuinglio herido de muerte intentaron mostrar su misericordia ofreciendo a Zuinglio la oportunidad de participar en los últimos ritos de un creyente católico. Sin embargo, Zuinglio no se había convertido en un reformador para dar marcha atrás en el último momento. En cambio, Ulrico Zuinglio se negó y recibió un golpe mortal con una de las espadas de la tropa. Como insulto final, se dice que luego quemaron su cuerpo e hicieron que sus cenizas fueran esparcidas sobre los excrementos de los cerdos. Fue realmente un final terrible para este aspirante a reformador. En el apogeo de sus esfuerzos reformadores, Zuinglio había previsto la creación en Suiza de toda una confederación cristiana en la que se pudiera establecer una iglesia reformada. Sin embargo, su muerte logró aplastar su floreciente movimiento en Zúrich. Con la muerte de Ulrico Zuinglio, Martín Lutero quedó como el reformador de medio pelo más conocido.

# Capítulo 6 - De los melquioritas a los menonitas: otras tendencias de la reforma

*"Los eruditos han argumentado que sin el humanismo la Reforma no podría haber tenido éxito, y ciertamente es difícil imaginar que la Reforma se produjera sin el conocimiento de las lenguas, el manejo crítico de las fuentes, los ataques satíricos a los clérigos y a los escolásticos, y el nuevo sentimiento nacional que proporcionó una generación de humanistas. Por otra parte, el éxito a largo plazo de los humanistas debía algo a la Reforma. En las escuelas y universidades protestantes la cultura clásica encontró un hogar permanente".*

*- Steven Ozment*

Mientras Martín Lutero mantenía el rumbo en Wittenberg, seguían surgiendo sectas más radicales a su alrededor. En 1533, los Países Bajos vieron surgir un movimiento breve, pero increíblemente dramático, bajo el liderazgo de un peletero alemán llamado Melchor Hoffman. Conocido como melquiorismo, este movimiento reformista predicaba una visión apocalíptica del "inminente regreso" de Cristo.

En un momento dado, Hoffman llegó a creer a un compañero visionario profético que le informó de que Cristo volvería una vez que Melchor fuera arrestado y encarcelado. Es difícil entender cómo su arresto podría desencadenar la Segunda Venida, pero Melchor parecía ser un entusiasta partidario de la noción, y como tal, se esforzó por cumplir la profecía siendo arrestado antes de que terminara el año.

La profecía original afirmaba que Cristo volvería después de que Melchor fuera encarcelado durante seis meses. Pero, por lo que se sabe, Cristo no regresó en 1533, y en lugar de ser liberado tras seis meses, Melchor murió en prisión varios años después. Después de que Melchor quedara fuera de juego, el siguiente líder de los llamados melquioritas fue un hombre llamado Jan Matthys. Bajo el liderazgo de Jan Matthys, los melquioritas establecieron una base en la región de Westfalia (noroeste de Alemania), en la ciudad de Münster.

Los anabaptistas también acudían cada vez más a la ciudad y comenzaron a llamarla su "Nueva Jerusalén". No pasó mucho tiempo antes de que las tensiones entre los seguidores de Lutero, los melquioritas, los anabaptistas, los católicos y otros se volvieran increíblemente tensas. Se sospechaba que los seguidores de Martín Lutero —los luteranos— estaban aliados con las autoridades católicas, y los anabaptistas y melquioritas comenzaron a temer que los luteranos enviaran a las tropas católicas para aniquilarlos.

Las cosas llegaron a un punto crítico cuando los anabaptistas, bajo el liderazgo de un tal Hermann Redeker, convergieron en masa en el ayuntamiento, blandiendo espadas. El obispo católico local envió una pequeña milicia para enfrentarse a los reformistas, y la demostración de fuerza los convenció de pedir la paz. Sin embargo, tan pronto como se declaró la tregua, el melchorita Jan Matthys entró en escena y restableció su propia base de poder. Se dice que Matthys llegó a ser tan influyente en la ciudad que convenció a las autoridades municipales para que persiguieran y encarcelaran a sus rivales.

Sin embargo, el reinado de Jan llegó a su fin cuando, tras tener un sueño en el que salía victorioso contra el ejército católico, se enfrentó a las tropas católicas, que despacharon fácilmente al celoso reformador. Tras la muerte de Jan Matthys, otro melquiorita, un hombre llamado Jan van Leiden, se hizo cargo del movimiento de Münster. Jan van Leiden ejercía una enorme influencia sobre el consejo de la ciudad de Münster, hasta el punto de que llegó a conseguir la destitución del consejo de la ciudad.

Luego, en el otoño de 1534, van Leiden declaró sin reparos que Münster era una teocracia bajo su dirección. Este reformista radical declaró que se le había otorgado poder sobre emperadores, reyes, príncipes y todo el poder de la Tierra. En su viaje de poder, Jan van Leiden pretendía compararse con el rey David o el rey Salomón, gobernando una ciudad-estado religiosa. Sus seguidores más fieles trataron de confirmar esta pretensión de autoridad emitiendo una predicción según la cual su supuesto rey Jan acabaría apoderándose de la Tierra en su totalidad y eliminando a sus rivales.

Es difícil creer que los llamamientos iniciales de Lutero a la reforma pudieran conducir a desarrollos tan radicales, y el propio Lutero estaba quizás más aturdido por este desarrollo que nadie. Lutero esperaba crear un frente protestante unido, pero acabó enfrentándose a la realidad de que su ruptura con la Iglesia católica había provocado que otros se alzaran para impulsar sus propias y singulares interpretaciones de las Escrituras, que eran tan contrarias como inspiradas en sus propias enseñanzas.

Martín Lutero debió darse cuenta de que la gran fuerza de la Iglesia católica era su tenaz búsqueda de la uniformidad, ya que ahora tenía que soportar el surgimiento de una variedad aparentemente interminable de facciones y denominaciones. Lo máximo con lo que pudo conformarse Lutero fue con su propia marca protestante, que se conoció como luteranismo, para llevar la antorcha de sus enseñanzas. Sin embargo, lo más irritante fue el hecho de que Lutero, que inicialmente fue perseguido por la Iglesia católica por desviarse de la doctrina oficial de la Iglesia, se vio obligado a fomentar la persecución de las sectas rivales que había considerado peligrosamente heréticas.

Alentó el aplastamiento de la rebelión de los campesinos, de los anabaptistas y de muchos otros que le molestaban ideológicamente. Al ser un controlador autoritario de lo que consideraba la doctrina correcta, ¿se estaba convirtiendo Lutero en lo mismo que odiaba cuando se rebeló contra los católicos romanos en primer lugar? Sin embargo, para Lutero era preferible la mano dura que tener que lidiar con algunos de los resultados más radicales de la Reforma.

El ya mencionado rey Jan, por ejemplo, había comenzado a dirigir la ciudad de Münster como un dictador. Otros protestantes consideraban que una de las acciones más atroces del rey Jan era el uso de las Escrituras del Antiguo Testamento para justificar los matrimonios polígamos. Gracias al apoyo de Jan van Leiden, estas uniones polígamas fueron de las primeras que vio el mundo cristiano. El rey Jan no solo permitía el matrimonio polígamo, sino que imponía beligerantemente la práctica cuando los miembros de la iglesia se oponían.

Una mujer, por ejemplo, se opuso a que su marido tuviera más de una esposa y fue ejecutada. Se sabe que el rey Jan incluso ejecutó a una o dos de sus esposas por motivos similares. Según el erudito y escritor de la Reforma Andrew Atherstone, cuando todo estaba dicho y hecho, los pobres "ciudadanos de Münster vivían con un miedo abyecto bajo este reino de terror melchioriano".

Con una anarquía tan absoluta estallando en ciertos círculos de la Reforma, Lutero no vio ninguna alternativa clara a este caos, excepto combatir enérgicamente las opiniones que consideraba heréticas. En cuanto al rey Jan, su supuesto reinado tiránico llegó a su fin el 25 de junio de 1535, cuando las tropas católicas se adelantaron para aplastar otra insurrección protestante. Se dice que las calles de Münster quedaron sembradas de cadáveres e inundadas de sangre.

¿Y el rey Jan? Él, como tantos otros reformistas radicales, pagó el precio definitivo: fue llevado al "mercado de Münster". Este era el tipo de lugar en el que uno podía encontrar a un carnicero en un puesto cortando trozos de carne fresca para clientes ansiosos. Pero ese día no se descuartizó carne de animal en el mercado, sino que se torturó brutalmente al rey Jan, desgarrándole la carne con pinzas de hierro al rojo vivo.

El dolor debió de ser insoportable, y el rey Jan solo se vio aliviado cuando le cortaron la garganta y le clavaron un cuchillo en el corazón. Después de ser asesinado de esta manera, él y los cuerpos de dos de sus compatriotas fueron colocados en jaulas de hierro y colgados del campanario de la ahora famosa iglesia de San Lamberto de Münster. Aunque los restos mortales de Jan y compañía desaparecieron hace tiempo, las jaulas de hierro siguen suspendidas como una ominosa advertencia hasta el día de hoy.

Después de que esta última cepa militante de anabaptistas fuera puesta a descansar, un grupo pacifista recién bautizado que se conocería como los menonitas echaría raíces. Los menonitas fueron fundados por un antiguo sacerdote católico llamado Menno Simmons. Menno se unió a los melquioritas en 1536, y ascendió al liderazgo del movimiento en 1540. Poco después, sus seguidores dejaron de ser conocidos como melquioritas y pasaron a llamarse menonitas.

Menno se abrió paso por gran parte del norte de Alemania y los Países Bajos, predicando su doctrina sobre el bautismo y el poder de la fe. Pero la gran diferencia entre los menonitas y los melquioritas era el hecho de que a los menonitas se les enseñaba a difundir su mensaje por medios pacifistas. En lugar de tomar el control de los ayuntamientos y tratar de gobernar las comunidades, los menonitas (al igual que los primeros cristianos) simplemente trataban de cambiar los corazones y las mentes de los que les escuchaban, persuadiéndoles mediante la predicación en lugar de la fuerza.

Aunque otros protestantes y católicos seguían sin estar de acuerdo con gran parte de las enseñanzas menonitas, se podría pensar que al menos apreciarían la naturaleza no violenta del movimiento menonita. Sin embargo, el emperador del Sacro Imperio Romano Germánico, Carlos V, se propuso como misión personal acabar con los menonitas e incluso ofreció una recompensa si alguien traía al líder menonita Menno bajo su custodia.

No hace falta decir que los menonitas no tenían los poderosos apoyos políticos que Martín Lutero tenía. Martín Lutero era un verdadero agente de poder en su época y, en muchos sentidos, era visto como una especie de "papa protestante" en la forma en que podía maniobrar eficazmente a través de todas las intrigas entre la Iglesia católica y los grupos protestantes rivales. Y las opiniones de Lutero sobre los menonitas no eran muy alentadoras. Los consideraba herejes cismáticos que condenaban a los niños al infierno, ya que se negaban a realizar el bautismo de niños.

Con los católicos y los luteranos en contra, los menonitas fueron perseguidos de tal manera que, para la mayoría de ellos, la única opción real era huir. La diáspora menonita haría que estos reformistas protestantes viajaran por todas partes. Se encontró una nueva base durante algún tiempo en los Países Bajos, y con el tiempo, muchos más emigrarían a través del océano Atlántico hasta América, donde todavía se pueden encontrar comunidades menonitas. De los melquioritas a los menonitas, esta tradición surgida de la Reforma sigue siendo fuerte.

# Capítulo 7 - Comienza la Reforma de Inglaterra

*"Ay, ¿cómo pueden las pobres almas vivir en concordia cuando vosotros, los predicadores, sembráis entre ellas en vuestros sermones el debate y la discordia? Buscan en vosotros la luz y las tinieblas. Enmendad estos crímenes, os exhorto, y exponed la palabra de Dios con verdad, tanto por medio de una verdadera predicación como dando un buen ejemplo, o de lo contrario yo, a quien Dios ha nombrado su vicario y alto ministro aquí, veré extinguir estas divisiones, y corregir estas enormidades".*

*- Rey Enrique VIII*

Mientras la Reforma se desarrollaba en el continente europeo, al otro lado del canal de la Mancha, un rey británico llamado Enrique VIII prestaba mucha atención a los acontecimientos. Al ver la propagación de la fe protestante por Europa, Enrique vio inicialmente la oportunidad de presentarse como un defensor incondicional del catolicismo contra los nuevos herejes. Y no perdió tiempo en hacerlo.

De hecho, poco después del infame enfrentamiento de Martín Lutero en la Dieta de Worms en 1521, el rey Enrique VIII redactó un "tratado doctrinal" cuidadosamente redactado en el que criticaba las creencias de Martín Lutero. Un sello distintivo de la creencia luterana provenía de la obra de Lutero —*El cautiverio babilónico de la Iglesia*— en la que el reformador sostenía que los únicos dos sacramentos que importaban eran la Cena del Señor y el bautismo.

Enrique se oponía ferozmente a esta afirmación, defendiendo los siete sacramentos estándar de la Iglesia católica. El rey Enrique VIII escribió un texto polémico llamado *Assertio Septem Sacramentorum* (*Defensa de los siete sacramentos*), en el que dejaba muy claras sus creencias sobre este asunto. También hizo evidente su desagrado por Lutero cuando declaró que no era más que "un frailecillo mañoso".

Entre otras cosas, Enrique también describió a Lutero como alguien que "escupe veneno de víbora" y que estaba llevando a todo el rebaño por el mal camino. Todo esto, por supuesto, fue música para los oídos del papa católico romano. Lutero pudo haber asegurado su protección física a través del elector de Sajonia, pero no estaba fuera del alcance del ataque verbal del rey Enrique VIII. El papa estaba tan contento, de hecho, que le otorgó oficialmente al rey Enrique el título de "Fidei Defensor", o "Defensor de la Fe".

La fe oficial de Inglaterra en ese momento, por supuesto, era la religión católica romana. Sí, aunque el rey Enrique acabó iniciando su propia reforma en Inglaterra, en los primeros días de la Reforma Protestante, fue de hecho un defensor de la fe católica. Pero a pesar de que Enrique se erigió en el muro defensivo contra la epidemia del protestantismo europeo, algunas cepas del movimiento se filtraron a las islas británicas.

Las obras de Martín Lutero se traducían a varios idiomas a gran velocidad, y algunas de ellas llegaron a las costas inglesas. Uno de los lugares donde surgieron estas obras teológicas migratorias fue nada menos que Cambridge. Aquí se dice que las obras fueron bien recibidas por los colegas de un tal Thomas Bilney, quien había pasado por su propio periodo de reforma cuando leyó un ejemplar del Nuevo Testamento recién traducido en el que las palabras de San Pablo, que declaraban "que Cristo Jesús vino al mundo para salvar a los pecadores, de los cuales yo soy el peor", le impactaron de lleno.

A Bilney le conmovió la idea de que incluso uno de los mayores santos de la Biblia se considerara a sí mismo uno de los peores. Si incluso Pablo no podía hacer nada para salvarse, esto solo parecía aclarar la enseñanza protestante de que las obras no tienen sentido y que solo se puede salvar a través de la fe. Bilney comenzó a hablar abiertamente de lo que había aprendido con otros en Cambridge, y pronto muchos de sus asociados también se vieron movidos a reconsiderar las enseñanzas católicas.

En esa misma época, un erudito británico llamado William Tyndale comenzó a trabajar en la elaboración de una nueva traducción de la Biblia que no dependiera de la traducción latina de la Iglesia católica, sino de las lenguas originales hebrea y griega en las que fue escrita. Fue un emprendimiento importante, del que se podría pensar que sus compatriotas estarían orgullosos, pero según una ley inglesa llamada Constituciones de Oxford, redactada en 1408, se consideraba ilegal que se hiciera una traducción de este tipo.

Puede parecer un poco extraño que sea ilegal el mero hecho de elaborar una nueva traducción de la Biblia, pero así era. Sabiendo que su trabajo podría meterlo en problemas en Inglaterra, Tyndale salió de Gran Bretaña y se dirigió al patio trasero de Lutero, llegando primero a Colonia y luego a la ciudad de Worms. Fue en Worms donde Tyndale logró terminar su traducción del Nuevo Testamento en su totalidad en 1526.

Con su nueva traducción en la mano, Tyndale aprovechó al máximo la imprenta y comenzó a imprimir varios ejemplares, que llegaron a Gran Bretaña. Es increíble pensar que una Biblia impresa en el propio idioma fuera tan controvertida, pero para la Iglesia católica era un asunto muy serio. Tan pronto como los católicos en Gran Bretaña se enteraron de lo que estaba sucediendo, hicieron todo lo posible para confiscar las nuevas traducciones que llegaban a Gran Bretaña y quemarlas.

Sí, es absurdo pensar en sacerdotes católicos quemando Biblias, pero eso es lo que ocurrió. Tyndale también fue condenado a fondo por el erudito católico, el obispo Tunstall, quien supuestamente estudió el texto traducido de Tyndale y declaró que había unos 2.000 errores en su traducción. Citando estos supuestos errores, el obispo Tunstall exigió que todas las copias de las traducciones de Tyndale fueran encontradas y destruidas para que no llevaran a los fieles por el mal camino.

La traducción de la Biblia de Tyndale estaba, en efecto, en desacuerdo con la traducción latina tradicional de la Iglesia católica. La palabra griega *metanoeo*, que la versión latina entendía como "penitencia", se tradujo al español como "arrepentimiento". Este ligero cambio fue muy significativo, ya que parecía socavar la creencia católica de tener que hacer penitencia, una parte integral de la fe católica. Indignados por estas "traducciones peligrosas", destacados estadistas y el cardenal Thomas Wolsey encabezaron una búsqueda masiva de libros bíblicos y de personas relacionadas con su circulación.

Se quemaron libros y varios fueron a la cárcel en este esfuerzo por acabar con los textos recién traducidos. Entre los detenidos por estas traducciones heréticas se encontraba un erudito británico llamado John Frith. Frith solo fue dejado en libertad tras prometer que se quedaría a menos de diez millas de Oxford. Pero Frith no iba a seguir estas órdenes y, en su lugar, abandonó totalmente Gran Bretaña, estableciéndose en Amberes, donde Tyndale había fijado su residencia.

Fue durante este exilio cuando Frith escribió el importante texto reformador, la *Disputación del Purgatorio dividida en tres libros*, en la que exponía su opinión de que el purgatorio era una enseñanza católica errónea. Tyndale también atacó la doctrina católica con sus propios textos protestantes, en gran parte inspirados en el argumento original de Lutero de que los cristianos se salvan por la fe y no por las obras. Tyndale causó la mayor impresión cuando escribió su obra fundamental, *La obediencia de un hombre cristiano*.

En esta obra, Tyndale dejó claro que creía que la última lealtad del hombre no debía ser a un rey o a un gobierno, sino solo a Dios. A la clase dirigente no le gustó nada esto, ya que creía que la doctrina liberadora de Tyndale extendería la disidencia y la rebelión entre las masas. Sin embargo, Tyndale desvió las críticas señalando que, aunque sostenía que la última lealtad del hombre era a Dios, la Biblia era clara en su directiva de someterse al gobierno local.

Por otra parte, Tyndale criticó a los sacerdotes católicos por lo que consideraba su preocupación por los rituales y la tradición. Se refirió sarcásticamente a su reverencia por "el agua bendita, el fuego bendito, el pan bendito, la sal bendita, las campanas santificadas, la cera bendita, las ramas benditas, las velas benditas y las cenizas benditas", mientras presentaba un aparente desprecio por la Biblia. Sus críticos, en cambio, sostenían que el ciudadano medio no sería capaz de entender las Escrituras si no las filtraba a través de la interpretación oficial sancionada por la Iglesia católica.

Sin embargo, Tyndale no se lo creía y consideraba que la Iglesia católica rozaba el encubrimiento conspirativo al negarse a permitir que el pueblo inglés leyera las Biblias traducidas a su propia lengua. Tyndale afirmaba que Roma mantenía a los fieles británicos en la oscuridad a propósito y declaraba: "Para evitar que conozcamos la verdad, lo hacen todo en latín. Rezan en latín, bautizan en latín, bendicen en latín, dan la absolución en latín: solo maldicen en la lengua inglesa".

En sus ataques al clero, Tyndale también hizo un llamamiento directamente al rey de Inglaterra para que interviniera en la controversia. Utilizando una estrategia similar a la de los reformadores alemanes, Tyndale trató de despertar el sentimiento nacional en el reino contra la intervención de Roma. Pero el rey

Enrique VIII, un fuerte crítico de Lutero que acababa de ser honrado por el papa como "Defensor de la Fe", aún no se dejó convencer.

Reflejando los esfuerzos de persuasión de Tyndale, otro reformador británico en el exilio, llamado Simon Fish, escribió un artículo titulado *Súplica para los mendigos*, que presentaba como una queja real de los ciegos, los enfermos y los cojos presentada contra la invasión de Inglaterra por una multitud de eclesiásticos que habían llegado a Gran Bretaña como "lobos voraces". El ampuloso tratado de Fish instaba a expulsar a estos intrusos y a "azotar desnudos a todas las ciudades del mercado".

Pero el rey Enrique estaba de hecho del lado de los católicos de línea dura en este punto, y en lugar de expulsar al clero católico, permitió que sus secuaces hicieran todo lo posible para expulsar a los reformistas protestantes. Ahora bien, los libros no fueron lo único que se quemó, sino que, en muchos casos, los individuos también ardieron. Cuando eran atrapados, los reformistas eran amenazados con ser quemados en la hoguera, y bajo la terrible coacción de la tortura, algunos fueron obligados a retractarse.

Uno de los más famosos que se retractó de sus creencias protestantes bajo esta presión fue Thomas Bilney, que cedió y ofreció una retractación completa en 1527 cuando se enfrentó a Wolsey. Se le perdonó la vida, pero viviría para lamentarlo. Incapaz de volver a su antigua forma de vida, Bilney se derrumbó en 1531 y comenzó a predicar sus opiniones en el campo de Norwich. Allí se encontró con una antigua monja convertida al protestantismo y le entregó un texto traducido del Nuevo Testamento de Tyndale.

Este acto audaz alertó a las autoridades y llevó a Bilney a la hoguera poco después. La ejecución de Bilney pareció desencadenar una oleada de represión de línea dura que duró desde finales de 1531 hasta 1532. La persecución fue tan intensa que, en un momento dado, incluso personas que ya estaban muertas fueron quemadas en la hoguera. Este fue el caso de William Tracy, que dejó clara su lealtad en su lecho de muerte al rechazar la tradición católica y proclamar:

"No acepto a nadie en el cielo ni en la tierra como mediador entre Dios y yo, sino solo a Jesucristo".

Esto significó que Tracy negó a la Iglesia católica la posibilidad de realizar sus últimos ritos y murió (aunque por causas naturales) como un hereje a los ojos de la Iglesia. Como ya estaba muerto, la Iglesia tuvo que conformarse con profanar su cadáver para dar ejemplo. Así, su cuerpo fue desenterrado y quemado póstumamente en efigie. Fue durante esta purga de protestantes que John Frith fue finalmente capturado en 1531. Frith fue enviado inmediatamente a la Torre de Londres —esa mazmorra medieval de una celda de detención— para esperar el tribunal de canguro que los católicos llamaban juicio.

Mientras Frith estaba encerrado, Tyndale le escribió palabras de aliento, ensalzando al prisionero: "Tu causa es el evangelio de Cristo, una luz que debe ser alimentada con [la] sangre de la fe. Regocíjate y alégrate, porque grande es tu recompensa en el cielo". Frith fue juzgado poco después, y su principal fiscal fue un tal obispo John Stokesley, que acusó a Frith de no ser más que un "hijo de la maldad y las tinieblas" y de haber cometido las más detestables herejías. Stokesley también argumentó que Frith debía recibir el máximo castigo, para no "infectar el rebaño del Señor con [su] herejía".

Hasta este momento, el rey de Inglaterra, el hombre que había sido aclamado como "Defensor de la Fe" por la Iglesia católica, había apoyado la postura de línea dura contra la Reforma. Pero factores atenuantes en la propia vida del rey —o al menos en su lecho matrimonial— pronto harían que el rey cambiara drásticamente su postura. El rey, que en ese momento estaba casado con la princesa española Catalina de Aragón, estaba desesperado por tener un heredero varón al trono.

Pero, hasta el momento, su esposa solo había tenido una hija, la princesa María. A medida que pasaban los años y se acumulaban los abortos de Catalina, el rey Enrique se convenció de que su esposa no sería capaz de darle un heredero varón. Enrique quería continuar la línea Tudor de la que formaba parte, y sin un hijo no podría hacerlo.

Esto lo puso en un terrible aprieto. Comenzó a sentir que su matrimonio estaba maldito. No es una exageración, ya que se tomó a pecho las palabras de la Escritura en el Levítico (20:21). Este versículo de la Escritura aconsejaba que, si un hombre se casaba con la mujer de su hermano, "es una impureza".

El rey Enrique se había casado, en efecto, con la esposa de su hermano —al menos, con su antigua esposa—, ya que era la viuda de su hermano, el príncipe Arturo. Enrique empezó a preguntarse abiertamente si esta supuesta violación del Levítico podía ser la razón de sus problemas para conseguir un heredero varón. Dado que la Iglesia católica prohibía generalmente el divorcio, el rey buscó la manera de anular el matrimonio. Sin embargo, el papa se negó a cumplir los deseos del rey. Esto hizo que el rey tuviera que buscar una alternativa. Después de consultar con el cardenal Wolsey y el legado del papa, el cardenal Campeggio, se le aconsejó que Catalina renunciara a su matrimonio y se uniera a un convento para que Enrique fuera libre de contraer un nuevo matrimonio.

Como es de imaginar, Catalina no estaba muy entusiasmada con la perspectiva de dejar de ser reina para convertirse en monja. Se horrorizó ante lo que se le sugería y envió un llamamiento directo al papa. El rey, mientras tanto, se enfureció al ver que sus asesores no eran capaces de encontrar una solución mejor para él e hizo destituir al cardenal Wolsey. Terminó con un nuevo consejero que había sido un asociado anterior de Wolsey, Thomas Cromwell.

Fue Cromwell quien empezó a conspirar con el rey sobre la posibilidad de utilizar su propio poder para conseguir lo que quería. El argumento presentado a Enrique fue doble. Se determinó que el rey Enrique sí tenía un razonamiento sólido para conseguir una anulación debido a los motivos bíblicos mencionados en el Levítico. En segundo lugar, se argumentó que la autoridad papal no podía mandar al rey. El rey Enrique siempre supo que podía intentar forzar el asunto, pero, apreciando su papel de "Defensor de la Fe", dudaba en enfadar al papa.

Sin embargo, mientras seguía considerando la posibilidad de aumentar sus poderes y disminuir los de Roma, Enrique comenzó a dar su brazo a torcer en lo que respecta a los asuntos teológicos en Inglaterra. En la primavera de 1532, por ejemplo, publicó su "Súplica contra los Ordinarios", en la que argumentaba que, en lugar de que el clero decidiera quién sería acusado de herejía, cualquier queja de este tipo debía dirigirse directamente al rey Enrique.

Esta petición, que llegó tras la gran persecución que se había iniciado a finales de 1531, supuso un tremendo giro en la gestión de la Reforma Protestante por parte de Inglaterra. El rey Enrique no estaba de acuerdo con los protestantes, pero por lo menos estaba haciendo el caso de que cualquier queja contra ellos debería ser llevada a él antes de que el clero católico romano comenzara a encender fósforos y quemar gente en la hoguera.

Sin embargo, al clero católico no le gustó esto y se negó a reconocer el decreto. En el mes de mayo siguiente, esto llevó al rey Enrique a declarar: "Pensábamos que el clero de nuestro reino había sido nuestro súbdito por completo, pero ahora hemos percibido bien que no es más que la mitad de nuestro súbdito, sí, y apenas nuestro súbdito: porque todos los prelados en su consagración hacen un juramento al papa, claramente contrario al juramento que nos hacen a nosotros, por lo que parecen ser sus súbditos, y no los nuestros".

Estas nefastas palabras bastaron para que el clero se pusiera a tono y, poco después, se plegó formalmente al decreto real, comprometiéndose a que sus actos debían ser justificados en lo sucesivo por el rey. En 1533, poco después de este reconocimiento, el rey Enrique finalmente dio el paso de separar a su esposa y volver a casarse, desafiando completamente al papa. Su nueva reina, Ana Bolena, fue tachada de ramera en los círculos católicos, pero además de despreciar la unión desde lejos, el clero católico romano no pudo hacer nada.

El poder del rey se cimentó aún más en la legislación británica en el otoño de 1534 con la creación del Acta de Supremacía, que establecía claramente que el rey Enrique debía ser considerado el "único Jefe Supremo en la Tierra de la Iglesia de Inglaterra". Según esta acta, el rey tenía ahora un serio poder de reforma cuando se trataba de "todos los errores, herejías y otras enormidades y abusos". Aunque el rey Enrique estaba previamente en contra de la Reforma, este acto convirtió unilateralmente a Inglaterra en parte de ella, ya que Enrique consiguió reducir cualquier poder real o control que el papa tuviera sobre los asuntos religiosos ingleses.

Irónicamente, la ruptura del rey con la autoridad católica condujo a una persecución de los mismos fieles católicos de los que Enrique se había apodado anteriormente como defensor. Cuando los católicos más acérrimos empezaron a hablar en contra de las acciones del rey, al igual que los protestantes antes que ellos, acabaron perdiendo la vida. Una de las persecuciones más sensacionales contra los católicos celosos tuvo lugar en abril de 1534, cuando la llamada Santa Doncella —una monja católica llamada Elizabeth Barton— fue colgada y decapitada por hablar en contra del rey.

A principios de la década de 1530, Barton había hecho varias profecías sobre el rey Enrique que fueron consideradas sediciosas. Posteriormente, desarrolló un breve seguimiento entre los católicos ingleses antes de ser acorralada, juzgada por traición y condenada a muerte por sus creencias. En 1535 se produjeron muchas más ejecuciones, entre las que se encontraban algunas figuras de alto nivel, como el cardenal John Fisher y Sir Thomas More, que anteriormente habían sido protagonistas de la persecución y la supresión de los protestantes.

En 1536 se produjo una nueva reforma interna de la Iglesia de Inglaterra, con nuevas medidas como la insistencia en que los Diez Mandamientos fueran traducidos al inglés. Resulta bastante sorprendente pensar que hombres como Firth fueron asesinados por las traducciones de la Biblia al inglés solo unos años antes, para que de repente el propio rey sancionara la traducción al inglés de los Diez Mandamientos. La nueva normativa también criticaba las prácticas católicas tradicionales como "las peregrinaciones a los santuarios locales [y] el ofrecimiento de dinero o velas votivas ante las reliquias religiosas", entre otras cosas.

Pero aún hay más. Cerrando el círculo en 1538, el rey, que antes había hecho la vista gorda ante la persecución de los traductores de la Biblia, decretó que se distribuyera abiertamente una traducción completa al inglés entre los miembros de la Iglesia. Esto condujo a la publicación de la llamada Gran Traducción de la Biblia que fue realizada por Miles Coverdale en abril de 1539. Esta fue la primera edición autorizada de la Biblia, sancionada por el propio rey Enrique VIII.

El prefacio de la Gran Biblia, escrito por el arzobispo Cranmer, instaba a los ingleses a conservar las Escrituras, afirmando que eran "una mejor joya en nuestra casa que el oro o la plata". Esta exhortación a que el británico medio tuviera una Biblia propia contrastaba con los años anteriores en los que se perseguía a cualquiera que se atreviera a leer la Biblia por sí mismo. Parecía que el rey había puesto el dedo en la llaga para los protestantes después de todo, pero era un poco más complicado que eso.

Si bien el rey pretendía presentarse como la principal autoridad en materia de doctrina eclesiástica en lugar del papa, el viejo "Defensor de la Fe" seguía siendo partidario de muchas doctrinas católicas estándar. Mientras tanto, el rey tenía sus propios problemas. Se había vuelto cada vez más paranoico a medida que su círculo íntimo conspiraba a su alrededor, así que cuando Cromwell —buscando deshacerse de la influencia de la reina Ana— inventó historias sobre su infidelidad, el rey mordió el anzuelo.

Enrique acabó haciendo ejecutar a su propia esposa en 1536. Es increíblemente cínico considerarlo, pero muchos se han preguntado si el rey tomó este camino como un medio expeditivo para deshacerse de otra esposa que no podía producir un hijo para él. La reina Ana aún no había podido tener un hijo cuando fue decapitada. En cualquier caso, tras su muerte, Enrique no perdió tiempo en tomar una nueva esposa: Juana Seymour.

Fue la reina Juana quien finalmente daría a luz al hijo que el rey Enrique VIII ansiaba tan desesperadamente. Dio a luz al príncipe Eduardo, pero, poco después, pereció de septicemia, dejando al orgulloso nuevo padre una vez más viudo. El siguiente matrimonio del rey Enrique VIII no sería para dar a luz a un hijo, sino que fue, en cambio, un matrimonio de conveniencia política.

Desde que Inglaterra se rebeló, existía el riesgo de que potencias católicas como Francia o el Sacro Imperio Romano Germánico decidieran intervenir militarmente. Aunque el rey Enrique VIII había estado inicialmente en contra de Martín Lutero y todos los demás reformistas alemanes, ahora los veía como aliados potenciales. Por eso, cuando se le presentó la oportunidad de casarse con una noble alemana, Ana de Cleves, aceptó hacerlo por puro pragmatismo político. Sin embargo, el rey no estaba muy entusiasmado con su nueva esposa y, en un momento dado, llegó a llamarla francamente repulsiva.

El matrimonio fue anulado después de solo seis meses, en 1540. Poco después, el rey volvió a probar suerte en el matrimonio casándose con Catalina Howard, sobrina del duque de Norfolk. Este matrimonio tampoco duraría mucho. Esta reina resultó ser bastante escandalosa y fue sorprendida teniendo un romance con un hombre llamado Thomas Culpeper. Tanto Catalina como Culpeper fueron ejecutados por este delito, y la reina Catalina —la última esposa del rey Enrique en ser decapitada— fue enviada a la guillotina un día antes de San Valentín, el 13 de febrero de 1542.

Poco después de la muerte de Catalina, el rey Enrique pareció cambiar de opinión con respecto a la libertad religiosa que había concedido anteriormente. En un completo cambio de su anterior defensa de la lectura de la Biblia, decidió que no todo el mundo debía tener acceso a las Escrituras. El rey parecía temer que demasiadas personas recibieran ideas erróneas de las Escrituras y le preocupaba que eso provocara una insurrección contra él. Por ello, en 1543, promulgó el Acta para el Avance de la Verdadera Religión, que estipulaba que habría restricciones sobre quién podía leer la Biblia.

El acta consideraba que "las mujeres, los sirvientes y los trabajadores" no debían ser autorizados a leer las Escrituras por su cuenta y además dictaba que podían ser castigados si se les encontraba con su propia traducción de las Escrituras. Muchos protestantes ingleses que tenían la esperanza de que el rey inglés pudiera llevarles a una reforma completa de la religión se sintieron muy consternados por las acciones del rey.

Como dijo el reformador John Hooper: "En lo que respecta a la verdadera religión, la idolatría no está en ningún lugar con mayor vigor. Nuestro rey ha destruido al papa, pero no al papismo. La misa impía, el celibato más vergonzoso del clero, la invocación de los santos, la confesión auricular, la abstinencia supersticiosa de carnes y el purgatorio, nunca antes fueron tenidos por el pueblo en mayor estima que en el momento actual".

El rey, mientras tanto, se había casado por última vez en el verano de 1543, cuando se casó con una viuda llamada Catalina Parr. La propia Catalina era partidaria de la Reforma, y se dice que intentó continuamente persuadir a su marido para que apoyara más la causa.

Sin embargo, Enrique estaba envejeciendo y parecía estar firmemente anclado en sus costumbres. Por lo tanto, su extraña forma híbrida de doctrinas antipopulares —aunque todavía en gran medida antiprotestantes— se mantuvo. Y continuarían incluso algún tiempo después de la muerte del rey Enrique VIII en 1547. Martín Lutero, el instigador inicial de la Reforma, mientras tanto, había muerto el año anterior, en 1546. Ambas muertes marcarían un cambio radical en las siguientes fases de la Reforma más amplia.

# Capítulo 8 - El auge del calvinismo

*"Cuando indaguen sobre la predestinación, recuerden que están penetrando en los recovecos de la sabiduría divina, donde el que se precipita con seguridad y confianza, en lugar de satisfacer su curiosidad, entrará en un laberinto inextricable. Porque no es justo que el hombre husmee impunemente en las cosas que el Señor se ha complacido en ocultar dentro de sí mismo, y escudriñe esa sublime sabiduría eterna que le place que no aprehendamos, sino que adoremos, para que en ella aparezcan también sus perfecciones. Los secretos de su voluntad, que él ha considerado oportuno manifestar, son revelados en su palabra, revelados en la medida en que él sabía que eran conducentes a nuestro interés y bienestar".*

- *Juan Calvino*

Una de las mayores fuerzas de la Reforma, quizá solo superada por el propio Martín Lutero, fue Juan Calvino. Juan —o como era conocido por los franceses, Jean Cauvin— comenzó sus esfuerzos de reforma en Francia. Fue durante la persecución de los protestantes en 1535 cuando Calvino huyó de Francia a Suiza. Calvino se instaló primero en la ciudad de Basilea. Allí escribió largos tratados sobre sus teorías religiosas, uno de los cuales se tituló Los institutos de la religión cristiana.

El libro estaba dedicado al entonces rey de Francia —el rey Francisco I— e incluía una sentida petición para que el rey pusiera fin a su mano dura contra los protestantes de Francia. Calvino insistía en que los protestantes estaban siendo calumniados por sus oponentes y pedía que se investigara lo que él consideraba poco más que una campaña de calumnias. Otro argumento importante que esgrimió Calvino fue que los esfuerzos de los reformadores no eran en absoluto un invento nuevo.

Calvino argumentó que lo que los reformadores intentaban conseguir era totalmente coherente con la doctrina apostólica y de la Iglesia primitiva. Además, dio a conocer su posición de que creía que los que se oponían al evangelio —o al menos a su versión personal del mismo— eran "instrumentos de Satanás". No es probable que las palabras de Calvino dirigidas al rey tuvieran mucha repercusión, pero da la casualidad de que las persecuciones se detuvieron poco después: en el verano de 1535, el Edicto de Coucy concedió una amnistía general a los reformistas protestantes que quedaban en Francia.

Pero esta amnistía no vino sin una trampa. Tal y como estaba, todos y cada uno de los considerados fugitivos que habían abandonado Francia solo podían regresar y recibir el perdón si "renunciaban a sus opiniones heréticas en un plazo de seis meses". Los reformistas de línea dura, como Juan Calvino, obviamente no iban a renunciar repentinamente a sus llamadas opiniones heréticas simplemente para volver a casa. Lo único que hizo Juan fue aprovechar el período de gracia de seis meses para regresar a Francia y ocuparse de algunos asuntos personales.

Pero antes de que este plazo de seis meses se agotara, Juan abandonó Francia definitivamente en 1536 en lugar de retractarse. En ese momento solo tenía veintisiete años y viviría el resto de sus años como reformador en el exilio. Tras abandonar Francia por última vez, se dirigió a Ginebra, Suiza. Las ciudades suizas habían sido sede de varios movimientos reformistas en el pasado, y Ginebra acababa de aprobar una legislación en 1536 que aseguraba que la ciudadanía estaría libre de la autoridad de la Iglesia católica romana.

Juan Calvino comenzó su labor en Ginebra mediante conferencias públicas en las que argumentaba sus puntos de vista sobre la Biblia. Debido a las luchas religiosas, Juan Calvino fue finalmente expulsado de Ginebra en 1538. De allí fue a parar a Estrasburgo, donde fue nombrado pastor de un grupo de protestantes de habla francesa. Le encomendó esta función un prominente protestante llamado Martín Bucer, quien supuestamente convenció a Juan Calvino para que aceptara el cargo recordándole lo que le ocurrió a Jonás cuando rehuyó la llamada de Dios.

Jonás, según las Escrituras, fue el profeta bíblico que fue tragado por una ballena. Martín Bucer se convirtió en el consejero número uno de Juan Calvino en todos sus asuntos y, con el tiempo, incluso se convirtió en una especie de casamentero cuando presentó a Juan Calvino a una viuda elegida llamada Idelette de Bure. Idelette había formado parte de la fe anabaptista que predominaba en las ciudades suizas de la época. Tras establecerse en Estrasburgo, Juan Calvino comenzó a escribir largos tratados sobre sus creencias protestantes. Entre ellos estaba su "Respuesta al cardenal Sadoleto".

Escrita en 1539, esta carta era en realidad una respuesta a un tal cardenal Sadoleto, que había redactado previamente una carta abierta a los reformadores de Ginebra, intentando convencerlos de que volvieran a la fe católica. La carta de Sadoleto se distinguía de otros intentos de hacer volver a los reformistas a la línea, ya que los esfuerzos del cardenal parecían ser sinceros —de hecho, casi de naturaleza apologética— y admitían abiertamente que la Iglesia católica romana necesitaba enfrentarse a ciertos excesos y abusos de poder.

Pero incluso teniendo en cuenta estas concesiones, Sadoleto trató de convencer a todos los que leyeran sus palabras de que todavía había un lugar para ellos en la Iglesia católica romana. Es interesante observar que, aunque Calvino había sido esencialmente expulsado de

Ginebra, todavía fue llamado a su nueva residencia en Estrasburgo para responder a la súplica del cardenal. En su respuesta, Calvino insistió en la necesidad de reformar la Iglesia y argumentó que la Reforma no se limitaba a los abusos y la corrupción de la Iglesia, sino que era un esfuerzo por reformar el "corazón mismo" del catolicismo.

En esta respuesta al cardenal Sadoleto, Calvino fue más lejos que Martín Lutero en sus noventa y cinco tesis. Cuando Martín Lutero clavó sus tesis en la puerta de la iglesia, buscaba principalmente la reforma de los abusos y la corrupción de la Iglesia católica, como la venta de indulgencias. Sin embargo, Calvino dejó claro que no buscaba la reforma, sino la revolución. También dejó claro que él y sus asociados no eran "innovadores teológicos", como habían acusado los detractores, sino que intentaban mantenerse más cerca de los principios originales del Nuevo Testamento que la Iglesia católica. Durante este tiempo, también escribió su propio comentario personal sobre el libro de Romanos del Nuevo Testamento, así como un extenso artículo que cubría la Cena del Señor.

Poco después de estas obras, en 1540 y 1541, Juan Calvino y Martín Bucer recorrieron las ciudades de Hagenau, Worms y Ratisbona, donde asistieron a una serie de debates teológicos que tuvieron lugar entre protestantes y católicos. Calvino se encontró profundamente perturbado por lo que percibía como un terrible compromiso en la doctrina, en medio de los protestantes de Ginebra. Estas divisiones hicieron que se encariñara aún más con la solidaridad a la que se había acostumbrado en Estrasburgo.

Juan Calvino achacó en parte la división que presenció en Ginebra a su propia expulsión de la ciudad. Sabía que esto era cierto, pero, de todos modos, cuando las autoridades de la ciudad le pidieron a Calvino que volviera a su cargo sobre los fieles protestantes, afirmó que "se estremeció ante la sola idea". Esta era la ciudad que lo había expulsado, ¿por qué iba a querer volver? Sin embargo, a pesar de sus recelos, finalmente regresó como se le pidió el 13 de septiembre de 1541.

Calvino se puso inmediatamente a trabajar en la reforma de los reformadores, publicando sus *Ordenanzas Eclesiásticas* en noviembre de 1541. Esta obra esbozaba la visión de Calvino sobre cómo debía estructurarse la Iglesia en Ginebra y acabaría convirtiéndose en un modelo estándar para muchas otras iglesias de todo el mundo. La estructura eclesiástica de Calvino consistía en cuatro funciones principales en la iglesia: diáconos, ancianos, doctores y pastores.

Calvino instruyó a su rebaño en que los pastores debían acaparar el mercado en cuanto a la predicación, el consejo espiritual y la administración de los sacramentos. Los doctores, por su parte, debían centrarse en cuestiones de teología y participar en debates, conferencias u otros compromisos similares. En cuanto a los ancianos, Lutero ordenó específicamente que hubiera doce ancianos seleccionados entre los laicos. Los diáconos, por su parte, debían centrarse en la caridad, como la ayuda a los empobrecidos y a los enfermos.

Más allá de estas directrices sobre las funciones específicas de la Iglesia, las ordenanzas de Juan Calvino también reiteraban sus opiniones personales sobre cuestiones doctrinales como el bautismo, la Cena del Señor, el matrimonio, la sepultura, la visita a los enfermos y a los presos, y la catequesis de los niños. Como parte de esta nueva organización de los protestantes en Ginebra, Calvino también estableció un consejo para supervisar toda la operación. El consejo estaba formado por ancianos, pastores y otros funcionarios eclesiásticos que se reunían habitualmente y discutían el estado de los asuntos eclesiásticos.

A menudo, esta especie de comité de supervisión religiosa se convertía en una especie de tribunal cuando los acusados de varios pecados que no reconocían ni se arrepentían eran llevados ante el consejo para ser interrogados. Estos pecados iban desde el adulterio y la blasfemia hasta la simple acusación de ser irrespetuoso en la iglesia. Si los interrogados se negaban a retractarse de sus transgresiones, se les suspendía de la Cena del Señor, lo que esencialmente equivalía a la versión calvinista de la excomunión de la iglesia.

Para ser claros, estas eran unas reformas bastante drásticas para muchos de los ciudadanos de Ginebra, y no todos las apoyaban. Uno de los críticos más destacados de Calvino fue un político suizo llamado Ami Perrin. Perrin se oponía al escrutinio que se hacía de la vida personal de cada uno y creó un grupo de disidentes que recibió el apodo de los "Niños de Ginebra". Debido a su perspectiva más liberal, estos objetores fueron llamados más tarde los "Libertinos".

Las cosas llegaron a un punto crítico cuando la propia esposa de Ami Perrin —Françoise— fue llevada ante el consejo acusada de bailar. La consideraron culpable y la metieron entre rejas por la transgresión. La situación se agravó aún más cuando el padre de la mujer encarcelada fue arrestado por hacer comentarios acerca de que Calvino era similar a "un sacerdote católico en la confesión auricular que quería escuchar los detalles del pecado de todos".

Juan Calvino abordó algunas de las críticas que se le hacían en su obra de 1550 titulada *Sobre los escándalos que hoy impiden a muchos llegar a la pura doctrina del Evangelio y arruinan a otros*. Aquí Calvino estaba a la vez a la defensiva y a la ofensiva, ya que defendía su postura y, al mismo tiempo, atacaba el carácter de los que se atrevían a discrepar llamándolos a todos un montón de fornicadores libertinos que preferirían seguir las enseñanzas del papa que su doctrina recomendada.

La estricta supervisión de las enseñanzas de Calvino no era lo único que algunos objetaban. Para los más teólogos, lo más irritante de Calvino no era que no quisiera que la gente bailara, sino que creía que el destino final de todos estaba ya determinado. Conocido como predestinación, este principio central del calvinismo es la noción de que Dios ha determinado de antemano quién va al cielo y quién al infierno. Hoy en día, en los círculos cristianos, el concepto suele mencionarse con el vernáculo más mundano de "una vez salvado, siempre salvado".

Aunque Calvino había encendido un gran debate sobre si la salvación está preordenada por un Dios omnisciente, la verdad es que este debate ha hecho estragos entre los cristianos desde el principio del cristianismo. Desde los primeros tiempos, algunos cristianos creían que una vez que se profesaba la fe en Cristo, absolutamente nada podía arrebatarte de su mano. Otros, sin embargo, estaban seguros de que la salvación no era absoluta, y que, si uno se descarriaba lo suficiente, podía perder su salvación.

Pero había (y hay) graves problemas con ambos conceptos. Si un cristiano cree en la doctrina de "una vez salvado, siempre salvado", presenta el peligro de dar a la gente una "licencia para pecar". Si la salvación de los creyentes está garantizada pase lo que pase, podrían hacer todo tipo de cosas atroces entre la primera vez que se salvan y su muerte y aun así llegar al Cielo sin problemas.

Por otro lado, si un cristiano adopta una doctrina de la salvación que no es absoluta o que de alguna manera tiene un alcance limitado, este entendimiento también trae consecuencias imprevistas. Por ejemplo, si los cristianos pudieran pecar y perder repentinamente su salvación, esto los pondría en un terreno bastante inestable, y la salvación de nadie estaría garantizada. Los propios católicos lucharon durante mucho tiempo con la idea de que podían perder su salvación y, en general, esto provocaba que muchos católicos contaran obsesivamente las cuentas del rosario, se persignaran y pidieran perdón a Dios cada vez que se producía una transgresión percibida "para que su nombre no fuera borrado del Libro de la Vida".

Pero incluso si alguien reza obsesivamente pidiendo perdón por cada ofensa percibida, ¿qué pasa si no tiene la oportunidad de arrepentirse antes de morir? Además, ¿qué pasa si cometieron pecados que ni siquiera se dieron cuenta de que eran pecados, como los pecados del corazón? Jesús, después de todo, enseñó que mirar al hermano con odio era lo mismo que matarlo directamente. Piense en alguien que en un incidente de ira en la carretera le grita a otro automovilista con toda su rabia y luego muere de un ataque al corazón poco después —no hay oportunidad para la oración del pecador allí. ¿Perdería su salvación?

Muchos cristianos de hoy en día tendrían un problema con la idea de que el Dios en el que creen los dejara de lado tan fácilmente. Sin embargo, si Dios puede mirar más allá de un pecado, entonces ¿qué pasa con los demás? ¿Son perdonables algunos pecados y otros no? Además, si todos los pecados son perdonados automáticamente por la obra terminada de la cruz (como sostienen algunos cristianos), ¿qué sentido tendría solicitar repetidamente el perdón de algo ya perdonado? Y, para algunos, esta lógica parecería autorizar toda clase de pecados sin control sabiendo que ya están perdonados de todos modos. Como puede ver, estamos justo donde empezamos en este argumento bastante circular. Este es el dilema con el que todavía luchan los teólogos de hoy.

La respuesta de Calvino fue creer que Dios lo había predeterminado todo desde el principio. El calvinismo enseñaba que Dios "ordenó libre e inmutablemente todo lo que sucede". A partir de esta creencia, se determinó que Dios había preordenado a algunos para la salvación por gracia, mientras que otros habían sido preordenados para ser condenados a la condenación eterna por todos sus pecados. Esto parece ir en contra de 2 Pedro 3:9, que dice: "El Señor no tarda en cumplir su promesa, como algunos entienden la lentitud. Al contrario, es paciente con vosotros, no queriendo que nadie perezca, sino que todos vengan al arrepentimiento". Por otra parte, si la salvación estuviera predestinada, ¿qué sentido tendría todo esto?

Y muchos —entre ellos un antiguo monje carmelita llamado Jérôme Bolsec— estaban dispuestos a plantear esa misma pregunta. Bolsec llegó a Ginebra en 1551 y se comprometió activamente con el movimiento calvinista, argumentando que la predestinación era un error. Jérôme sostenía que era tan errónea, de hecho, que tal creencia convertía a un Dios justo y santo en el autor tanto del bien como del mal. Jérôme Bolsec creía que un castillo de naipes tan traicioneramente inestable simplemente no podía sostenerse.

Después de todo, fue el propio Jesús quien refutó tal idea. Según las Escrituras, cuando los incrédulos acusaron a Cristo de expulsar a los demonios por obra de los mismos, Cristo declaró célebremente que "si una casa está dividida contra sí misma, esa casa no puede sostenerse". Bolsec argumentó de forma similar que no había forma de que Dios predeterminara la condenación. ¿Cuál fue la respuesta a los argumentos cuidadosamente elaborados de Bolsec? Fue encarcelado por blasfemia y herejía y, al ser liberado, se le dijo que no volviera.

Como se puede ver, la triste ironía a lo largo de la Reforma Protestante es el hecho de que una vez que los reformadores previamente perseguidos ganaron suficiente poder, a su vez estaban dispuestos a perseguir activamente a otros. Los calvinistas, por su parte, no se oponían en absoluto a castigar a aquellos con cuyas creencias no estaban de acuerdo.

Es comprensible que Bolsec se desilusionara con la Reforma tras sus experiencias con los calvinistas, hasta el punto de regresar a la Iglesia católica. Más tarde, en 1577, publicó un libro sobre Juan Calvino en el que arremetía contra el reformador, calificándolo como "un hombre, entre todos los que ha habido en el mundo, ambicioso, presuntuoso, arrogante, cruel, malicioso, vengativo y, sobre todo, ignorante". Pero si Bolsec pensaba que había sido tratado con dureza por los calvinistas, no era nada comparado con lo que le ocurrió a un español visitante llamado Miguel Servet.

Miguel era médico de profesión, pero se había metido en la polémica al cuestionar la trinidad, afirmando que la noción no era bíblica y que había sido completamente inventada. Escribió un libro que exponía su creencia, llamado *Restitutio*, que se publicó en 1553. Como la mayoría de los protestantes creían entonces en la trinidad, Miguel consiguió enfadar por igual a los católicos y a los protestantes que creían en la trinidad.

En consecuencia, Miguel se convirtió en un fugitivo y estaba huyendo cuando decidió pasar por Ginebra, Suiza. Fue aquí donde Miguel —ahora un personaje infame— fue abordado por los protestantes. Posteriormente fue juzgado en Ginebra por herejía, y el 27 de octubre de 1553 fue declarado culpable y condenado a la hoguera. Calvino, que ya había expresado su extrema repulsa a las creencias de Miguel, trató de intervenir en su favor y disminuir la severidad de su ejecución solicitando que fuera decapitado en lugar de ser quemado vivo.

Pero ni siquiera esta cortesía fue permitida, y Miguel fue quemado en la hoguera como estaba previsto. A pesar de que Calvino fue el que mostró cierta moderación, la muerte de Miguel fue posteriormente atribuida a él. Y, aunque algunos llegaron a considerar a Miguel como un mártir, también empezaron a ver a Calvino como un tirano. En el plano teológico, otro opositor a Calvino fue el pensador francés Sebastián Castellio, para quien toda la palabrería sobre la predestinación, el libre albedrío, los ángeles y demás carecía de sentido cuando lo único que realmente importaba era la fe en Cristo.

Sebastián Castellio sostenía que la doctrina era imprecisa, que las personas eran imperfectas y que nunca seríamos capaces de entender todo correctamente. Dicho esto, Castellio sostenía que los creyentes no debían preocuparse tanto por la correcta interpretación de las Escrituras, sino simplemente creer lo mejor que pudieran, tal como hacían los "recaudadores de impuestos y las prostitutas" en el Nuevo Testamento. Castellio también llegó a la sabia conclusión de que no tenía sentido castigar la herejía, ya que nadie podía ponerse de acuerdo sobre lo que podía ser herético.

Como dijo Sebastián Castellio: "Apenas existe una de todas las sectas, que hoy son innumerables, que no considere herejes a las demás. De modo que, si en una ciudad o región se le considera un verdadero creyente, en la siguiente se le considerará un hereje. De modo que, si alguien quiere vivir hoy en día, debe tener tantos credos y religiones como ciudades o sectas hay, al igual que un hombre que viaja por las tierras tiene que cambiar su dinero de un día para otro".

Castellio, un astuto y sagaz observador de lo que ocurría a su alrededor, podía ver lo ridículo que resultaba que una interpretación de las Escrituras que se estimaba en una ciudad pudiera ganarse con la misma facilidad la pena de muerte en otra. Evidentemente, este no era un modelo sostenible para la práctica religiosa humana. Castellio había llegado a creer que una decencia humana más general era mejor que un esfuerzo celoso hacia la corrección doctrinal.

A este respecto, Castellio declaró: "Sería mejor dejar vivir a cien, incluso a mil herejes, que condenar a muerte a un hombre decente bajo el pretexto de la herejía". Sebastián Castellio se adelantó en muchos aspectos a su tiempo con sus avanzadas opiniones humanistas. Pero por mucho que estas declaraciones nos parezcan razonables hoy en día, provocaron bastante ira en su propia época. Los protestantes suizos se enfurecieron por sus palabras, irritados por la idea de que intentara disminuir la verdad bíblica.

Un reformador suizo, Theodore de Beze, llegó a acusar a Sebastián Castellio de "aconsejar a cada uno que crea lo que quiera, abriendo con ello la puerta a todas las herejías y falsas doctrinas". Aunque hoy nos cueste entenderlo, muchos católicos y protestantes de línea dura se aferraban a sus creencias con tanta fuerza que estaban dispuestos a morir y matar por ellas si era necesario.

El propio Calvino no se dejó influir por estos argumentos a favor de la tolerancia religiosa, y en 1554 escribió un tratado sobre la Trinidad, en el que —entre otras cosas— sostenía que la ejecución de herejes como Miguel Servet era completamente justificable. Siguió consolidando su poder durante los años siguientes y, en junio de 1559, estableció un colegio bíblico en el que sus creencias podían enseñarse de forma rutinaria en su forma más precisa. Fue a partir de estos misioneros calvinistas que Juan Calvino exportaría su marca de la Reforma al extranjero.

# Capítulo 9 - Inglaterra hace retroceder la Reforma

*"Lo que hizo que la postura de Lutero fuera tan escandalosa no fue que valorara la Biblia. Eso no es nada raro en los cristianos. Lo que resultaba chocante era que la pusiera por encima de todo lo demás. Trataba las opiniones de los primeros padres de la Iglesia, de los eruditos más recientes, incluso de los concilios eclesiásticos, con gran respeto, pero no se dejaba constreñir por ellas. A fin de cuentas, cualquier cosa fuera de la Biblia, incluida la interpretación de la Biblia de cualquier otra persona, era una mera opinión. Este era el verdadero y duradero radicalismo del protestantismo: su disposición a cuestionar toda autoridad y tradición humana".*

- Alec Ryrie

Tras el fallecimiento del rey Enrique VIII en enero de 1547, el estado de la religión —o quizás, mejor dicho, la religión estatal— de Inglaterra se había sumido en la incertidumbre. Fue Enrique VIII quien había lanzado una pseudoreforma en la que básicamente creó su propia versión estatal del catolicismo, con él mismo a la cabeza como estadista tanto religioso como político. Esto significaba que, a su muerte, este papel único sería otorgado a su sucesor: el hijo del rey, Eduardo VI.

Sin embargo, el heredero del rey Enrique solo tenía nueve años en el momento de su fallecimiento, y ciertamente no estaba preparado para ejercer como monarca político y religioso soberano de Inglaterra. El tío de Eduardo VI —también llamado Eduardo—, Eduardo Seymour, duque de Somerset, asumió ese papel hasta que Eduardo VI estuviera preparado para gobernar. El duque de Somerset recibió un gran poder como Lord Protector mientras Eduardo VI permanecía en minoría.

Mientras tanto, el mundo protestante miraba tanto al rey Eduardo VI como al duque de Somerset con la esperanza de una futura reforma. Incluso Juan Calvino les envió sus mejores deseos desde Ginebra, diciéndole al duque de Somerset: "Esta es la era de la salvación cuando la palabra de Dios ha sido revelada". Y estas esperanzas no eran infundadas. La primera señal de reforma se produjo en julio de 1547, cuando el nuevo gobierno real comenzó a introducir reformas radicales en la administración de los servicios religiosos.

La principal preocupación eran los objetos tradicionales que se asociaban al catolicismo, como el agua bendita, las cruces de palma y otros. Estos objetos se eliminaron, así como muchos otros iconos religiosos. Junto con estos esfuerzos de reforma, se ordenó que el clero leyera una homilía —o discurso religioso— respaldado por el gobierno a sus congregaciones durante los servicios religiosos. La homilía era una parte habitual de la misa católica, pero, aunque se mantuvo esta tradición, se reformó para que se ajustara a ciertas normas establecidas por el gobierno.

Otro cambio importante se produjo con el fin de los llamados cantos. Estos consistían en sacerdotes que cantaban y entonaban oraciones por los difuntos que se creía que estaban en el purgatorio. Aquí, la Iglesia de Inglaterra llegó a un acuerdo con muchos otros reformistas y decidió que también repudiaría el concepto de purgatorio. Se declaró que tales cosas no eran necesarias y solo restaban a la perfecta salvación por la muerte de Jesucristo.

Pero quizá la reforma más importante se produjo en 1549 con el Acta de Uniformidad. Esta norma se encargó de sustituir la misa en latín por la liturgia en inglés especialmente creada, conocida como *Libro de Oración Común*, establecida por el arzobispo de Canterbury, Cranmer. Este decreto universal se llevó a cabo con la única excepción de las universidades de Cambridge y Oxford, donde se permitió a los académicos seguir rezando sus oraciones en lengua latina.

El arzobispo de Canterbury había colocado un poderoso ensayo escrito dentro del *Libro de Oración Común*, que sirvió para marcar el tono de este momento de la Reforma inglesa. El ensayo se llamaba "De las Ceremonias: Por qué algunas deben ser abolidas y otras conservadas". Como es de imaginar, el tema abarcaba el por qué se habían suprimido algunas de las costumbres religiosas anteriores mientras que otras se mantenían. En el texto, Cranmer hablaba de cómo los rituales religiosos anteriores habían "cegado al pueblo y oscurecido la gloria de Dios".

Por tanto, en aras de la claridad, había que dejar de lado las antiguas prácticas ceremoniales. Pero por mucho que el arzobispo intentara vender el cambio como algo que iba en beneficio de la Iglesia, no todo el mundo estaba de acuerdo. En las ciudades de Cornualles y Devon se desató una rebelión total por parte de los feligreses indignados que exigían que se restablecieran sus antiguas costumbres. Conocida como la Rebelión del Oeste, este episodio supuso que los feligreses enfurecidos tomaran los libros de oraciones y les prendieran fuego.

Estos manifestantes de esta reforma protestante aparentemente autóctona se dirigieron entonces al distrito administrativo de Exeter, donde dieron a conocer sus demandas. Entre ellas, pedían que se recuperara la anterior prohibición de Enrique VIII de las Biblias traducidas al inglés. También pretendían recuperar los iconos que se utilizaban para rezar por los seres queridos que se creía que estaban en el purgatorio. Querían hacer todas estas cosas "igual que [sus] antepasados".

Muchos de los laicos cristianos de esos días tenían la costumbre de recitar las Escrituras y las oraciones en latín memorizadas, aunque no siempre entendieran las palabras que recitaban. Era un ejercicio de pura memoria muscular que repetían de oído, tal y como habían hecho sus antepasados. El arzobispo Cranmer se opuso a esto y criticó a los disidentes argumentando que recitar palabras en latín que no entendían claramente no era mejor que ser un loro.

Al final, los disidentes solo fueron derribados por la fuerza y, tras la llegada de las tropas reales desde Londres, se produjo un violento tumulto en el que murieron muchos de los manifestantes. Los líderes de la protesta también fueron apresados, y muchos de ellos recibieron la pena de muerte por sus acciones. El Lord Protector del rey Eduardo, el duque de Somerset, tenía sus propios problemas. Había liderado batallas contra Escocia y Francia, y con el añadido de tener que sofocar insurrecciones en casa, Inglaterra se estaba arruinando.

El descontento con su liderazgo condujo a una conspiración contra él que culminó con la toma de posesión del Conde de Warwick. El conde de Warwick recibió el título de "Lord Presidente" en la primavera de 1550, y a partir de entonces mandaría. Poco después de esta toma de poder, el arzobispo Cranmer decidió promulgar una reforma religiosa aún mayor, reestructurando el papel del sacerdote. En lugar de tener como deber principal la administración de los sacramentos, el sacerdote pasó a desempeñar una función más pastoral y se esperaba que se centrara en la predicación del evangelio a los miembros de la iglesia.

Por muy reformador que fuera el *Libro de Oración Común*, su propio autor —el arzobispo de Canterbury— empezó a pensar que tenía carencias. Uno de los problemas era el hecho de que gran parte del lenguaje católico anterior sobre la misa había permanecido intacto. Cranmer quería distanciarse de esas cosas, así que elaboró una edición revisada del libro de oraciones en 1552 en la que eliminó cuidadosamente términos como "misa" y los sustituyó por "Cena del Señor" o "santa comunión".

Pero, como suele ocurrir, el arzobispo Cranmer seguía teniendo sus críticos. Uno de sus críticos más acérrimos fue John Knox, un capellán real que consideraba que la advertencia del libro de oraciones de arrodillarse durante la comunión no era bíblica. Después de todo, durante la última cena de Cristo en el Nuevo Testamento, en la que comió y bebió con los discípulos —en la que se basa la comunión—, nadie se arrodilló. Sin embargo, en lugar de tomarse en serio las críticas, el arzobispo Cranmer se negó a escucharlas y fustigó a sus oponentes como simples "espíritus inquietos".

Para distanciar aún más a la Iglesia de Inglaterra de la católica, el libro de oraciones revisado también contenía los Cuarenta y dos artículos, que destacaban las principales diferencias entre ambas. En concreto, Cranmer afirmaba que el purgatorio, las indulgencias, la veneración de imágenes y reliquias y la invocación de los santos no eran escriturales. El arzobispo de Canterbury denunció estas creencias y prácticas católicas como "una cosa vana inventada, y basada en ninguna garantía de las Escrituras".

Pero como cualquier buen católico sabe, esto no es del todo cierto. Tanto la creencia del purgatorio como la práctica de las indulgencias, por ejemplo, sí se basan en las Escrituras. No es algo que un sacerdote simplemente inventó de la nada. Las nociones se extraen en gran medida del libro de los Macabeos, un texto llamado apócrifo que protestantes como Martín Lutero decidieron omitir de todas las copias protestantes de la Biblia.

Una cosa sería estar en desacuerdo con la interpretación de la Biblia por parte de la Iglesia católica, pero decir que esas cosas no se basan en las Escrituras es una deformación de la realidad para adaptarse a los fines protestantes. En cualquier caso, el arzobispo de Canterbury parecía tener vía libre tanto para interpretar las Escrituras como para reformar la Iglesia durante un tiempo, y en su mayor parte hacía lo que le parecía. El impulso de la reforma, sin embargo, se detendría el 6 de julio de 1553, cuando se recibió la noticia de que el joven rey Eduardo había fallecido.

Es interesante notar que los monumentales esfuerzos que su padre Enrique VIII hizo para traer un hijo a este mundo aparentemente quedaron en nada. Enrique VIII había roto en gran medida la tradición de la Iglesia católica solo para apartar a una esposa y conseguir otra que pudiera darle un hijo. Pero seis esposas después y una Reforma inglesa parcialmente en marcha, el principal propósito de todos los esfuerzos del difunto rey había perecido junto con él.

La muerte del rey Eduardo envió ondas de choque a través del reino. Pero como casi siempre ocurre en las familias reales dinásticas, había un plan de respaldo. Según el testamento de Enrique, en caso de muerte de su hijo, la corona pasaría a manos de la hermana mayor de Eduardo, la princesa María. Esta María era hija de Catalina de Aragón, la primera esposa de Enrique, cuyo matrimonio había anulado y repudiado discretamente. Irónicamente, Enrique había dejado a Catalina para buscar una esposa que le diera un hijo varón para evitar que su trono fuera entregado a María, hija suya y de Catalina. Sin embargo, eso es precisamente lo que ocurrió.

María, que había vivido todas las volteretas recientes de la teología inglesa, era una católica empedernida que deseaba mucho dar marcha atrás a la reciente Reforma de Inglaterra. Los gobernantes sabían que así sería y, en un último esfuerzo, trataron de frustrar el ascenso al poder de la reina apoyando a la hija protestante del duque de Suffolk —Lady Jane Grey—. Pero por mucho que los que se inclinaban por el protestantismo se levantaran contra ella, María consiguió apuntalar el apoyo de los que simpatizaban con el catolicismo.

Aislada en el castillo de Framlingham, en Suffolk, la reina reunió a sus partidarios en torno a ella y, ante su feroz apoyo, sus contrincantes decidieron abandonar la lucha, permitiendo a María conservar el trono. Al principio, María había dado a entender a su corte que tenía la intención de practicar una amplia tolerancia religiosa. Sin embargo, al poco tiempo de comenzar su reinado, esto resultó ser más un discurso de boquilla que otra cosa. Una vez consolidado y asegurado su poder, la reina se desbocó. Hizo que se revocaran todas las licencias de predicación de los protestantes y que se arrestara a destacados protestantes.

En este repentino cambio de roles, se aseguró de que los sacerdotes católicos que habían sido encarcelados bajo su hermano Eduardo VI fueran liberados y puestos de nuevo a cargo de sus parroquias. A finales de año, toda la nueva literatura religiosa —incluido el *Libro de Oración Común* del arzobispo— fue retirada de la circulación, y la misa católica tradicional volvió a estar en vigor. Inglaterra parecía haber vuelto al catolicismo en cuestión de meses.

Aún más angustiosa para los protestantes fue la noticia de que la reina María planeaba casarse con Felipe II de España, el hijo del emperador del Sacro Imperio Romano Germánico, Carlos V. Este matrimonio de conveniencia política había sido tramado por el propio emperador Carlos, que buscaba casar a su hijo con la nueva reina católica de Inglaterra para asegurar la estabilidad política y religiosa de la región. Ante el temor de que su nación quedara subsumida en el Sacro Imperio Romano Germánico debido a esta unión, muchos miembros del Parlamento británico se opusieron, como era de esperar, a la unión.

Por este motivo, la reina María —en lo que quizá no fuera la frase más elocuente— recibió la petición de la Cámara de los Comunes de no casarse con un extranjero. Una vez que quedó claro que la reina no sería persuadida por el Parlamento, un noble llamado Sir Thomas Wyatt intentó un golpe de estado rotundo enviando un ejército de unos 3.000 efectivos para derrocar a la reina en Londres. Sin embargo, las fuerzas de la reina eran más que capaces de defender a su monarca y el ejército fue rechazado. En la refriega, Sir Thomas Wyatt fue capturado y ejecutado sumariamente. La reina María iba a convertirse en la esposa del rey Felipe de España, independientemente de que a alguien le gustara o no, y ambos se casaron debidamente el 25 de julio de 1554.

Mientras tanto, los anteriores reformistas, como el arzobispo de Canterbury Thomas Cranmer, fueron arrestados y juzgados con repentinas demandas para que denunciaran sus creencias no católicas. A todos los efectos, antes de que terminara el año, el papa estaba listo para recibir a Inglaterra de vuelta al redil católico romano con los brazos abiertos. Y el 30 de noviembre de 1554, se hizo oficial: Inglaterra había regresado a la Madre Iglesia.

Con Inglaterra de vuelta al abrazo católico, no pasó mucho tiempo antes de que el poder de la facción católica comenzara a intensificar la persecución de aquellos que se atrevían a seguir siendo protestantes. A ello contribuyó la decisión del gobierno de María, tomada en enero de 1555, de aplicar las tradicionales leyes católicas contra la herejía mediante la antigua norma católica "Sobre la quema de herejes". Como su nombre indica, estas leyes daban licencia para el castigo letal de cualquier persona acusada de ser herética.

Esto condujo a varios juicios por herejía de gran repercusión, que no eran más que juicios de exhibición que recordaban el interrogatorio de Martín Lutero en la Dieta de Worms. El objetivo principal de estas ocasiones era demostrar que los protestantes estaban equivocados y reforzar la supremacía católica. También servían para dar ejemplo a otros, para que no decidieran seguir el mismo camino que otros supuestos herejes. Uno de los primeros en ser asesinados en esta gran purga fue un popular pastor londinense llamado John Rogers.

Rogers fue quemado en la hoguera por su negativa a someterse a la doctrina católica. Incluso mientras encendían las llamas, John Rogers había proclamado con firmeza: "Lo que he predicado lo sellaré con mi sangre". Su muerte fue seguida por muchas otras, y a finales de 1558, se dice que unos 280 hombres y mujeres fueron asesinados, junto con otros innumerables que simplemente perecieron mientras estaban entre rejas. La persecución fue tan grave que, en un momento dado, incluso un bebé nacido de una mujer condenada fue quemado en la hoguera junto a su madre.

Sin embargo, esto fue demasiado incluso para los más sanguinarios fanáticos católicos, y el sheriff que tomó la fatídica decisión de quemar al bebé fue finalmente acusado y declarado culpable de homicidio por la transgresión. El hombre que había sido el artífice de gran parte de la reforma protestante de Inglaterra entretanto —el arzobispo Thomas Cranmer— fue arrestado y mantenido bajo llave. En esta celda, fue aislado e interrogado rutinariamente por quienes lo retenían.

Después de estas repetidas rondas de interrogatorios, finalmente se quebró y se encontró firmando su retractación en 1556. Esto llevó a otra retractación más formal, y a que Cranmer aceptara oficialmente el poder papal.

Pero la retractación no duró. El arzobispo Cranmer fue llevado a la Universidad de Oxford el 21 de marzo de 1556, para hablar ante los reunidos sobre los motivos de su regreso a la fe católica. Sin embargo, Cranmer los sorprendió a todos cuando comenzó a denunciar, no sus reformas anteriores, sino a la Iglesia católica y su retractación. Su denuncia terminó con "y en cuanto al papa, lo rechazo como enemigo de Cristo y de la falsa doctrina".

Evidentemente, esto no era en absoluto lo que los fieles católicos querían oír. Una vez que se les pasó el susto, capturaron inmediatamente al arzobispo Cranmer y procedieron a llevarlo a un lugar de ejecución en el que podría morir quemado. Se dice que mientras el arzobispo Cranmer ardía en llamas, citaba las Escrituras. Repitió las palabras que San Esteban había pronunciado mientras era apedreado. Cranmer gritó: "¡Señor Jesús, recibe mi espíritu! Veo los cielos abiertos y a Jesús de pie a la derecha de Dios".

Con uno de los principales arquitectos de la Reforma de Inglaterra quemado en la hoguera, parecía que la causa de la Reforma Protestante en Inglaterra estaba casi perdida. Pero entonces, el 17 de noviembre de 1558, sucedió lo inesperado. La reina María murió. Solo tenía cuarenta y dos años, pero resultó que tenía un caso terminal de cáncer de estómago. Así terminó el reinado de la reina que sería recordada para siempre como "Bloody Mary" (María la sangrienta).

No fue derribada por un derrocamiento armado desde el exterior, sino por tumores cancerígenos desde el interior. A su muerte, la princesa Isabel subió al trono. Isabel era partidaria de la Reforma y, nada más llegar al poder, dio marcha atrás, rompió con la Iglesia católica y comenzó a restaurar los logros alcanzados en la larga y prolongada marcha de Inglaterra hacia la reforma religiosa.

# Capítulo 10 - Los hugonotes, los Países Bajos y Guillermo de Orange

*"Al recorrer las páginas de nuestra historia durante setecientos años, apenas encontraremos un solo gran acontecimiento que no haya promovido la igualdad de condiciones. Las cruzadas y las guerras inglesas diezmaron a los nobles y dividieron sus posesiones. Las corporaciones municipales introdujeron la libertad democrática en el seno de la monarquía feudal. La invención de las armas de fuego igualó al vasallo y al noble en el campo de batalla. El arte de la imprenta abrió los mismos recursos a las mentes de todas las clases. La oficina de correos llevó el conocimiento tanto a la puerta de la casa de campo como a la del palacio. Y el protestantismo proclamó que todos los hombres son iguales y capaces de encontrar el camino al cielo. El descubrimiento de América abrió mil nuevos caminos a la fortuna, y condujo a oscuros aventureros a la riqueza y el poder".*

*- Alexis de Tocqueville*

Los hugonotes eran protestantes influenciados por las creencias calvinistas que arraigaron en el suroeste de Francia en el siglo XVI. Como Francia era oficialmente católica en aquella época, los hugonotes tenían que reunirse en secreto. Lo hacían a través de una red de numerosos refugios hugonotes repartidos por toda Francia. Ginebra, mientras tanto, seguía siendo la capital espiritual de estos reformadores franceses, y los escritos calvinistas se introducían de forma rutinaria en el dominio hugonote.

Toda esta actividad fue, por supuesto, rechazada enérgicamente por el gobierno francés. En 1547, el rey de Francia, Enrique II, creó una comisión llamada "la cámara ardiente", encargada específicamente de erradicar los supuestos movimientos heréticos como los hugonotes. Si el nombre no lo delata, la cámara ardiente no estaba por encima de matar a los herejes quemándolos en la hoguera.

De hecho, durante los primeros años de la comisión, se dice que treinta y nueve reformadores fueron ejecutados en la hoguera o en la horca. Poco después de esta purga se promulgó el Edicto de Châteaubriant en junio de 1551. Este edicto permitió que los tribunales inferiores tuvieran el poder de llevar a cabo la ejecución de presuntos herejes sin siquiera consultar al gobierno parlamentario.

Mientras tanto, en Ginebra, Juan Calvino —a quien la mayoría de los hugonotes consideraban su líder espiritual— consideraba que estas medidas eran poco menos que draconianas. Aunque Calvino también hizo condenar a los herejes, al menos les dio cierta apariencia de juicio (aunque es ciertamente discutible lo justo que fue). En cualquier caso, durante un tiempo, Francia pareció acaparar el mercado de las ejecuciones rutinarias de disidentes religiosos durante este periodo.

Gran parte de esta persecución de los hugonotes se recoge en el texto de Jean Crespin de 1554, *Le Livre des Martyrs*. En él, Crespin documentó muy bien cómo los castigados eran acorralados, torturados y ejecutados. Para hacer las cosas aún más perturbadoras, a menudo se les quitaba la lengua de antemano para evitar que profesaran su fe a la multitud. Se les negaba incluso la posibilidad de dar su último testamento a quienes les perseguían.

No habría últimas palabras: estas almas oprimidas debían arder en silencio. En el otoño de 1557, Juan Calvino intentó animar a los fieles franceses, emitiendo una declaración que decía en parte: "Dios desea probar nuestra fe, como el oro en el horno, pero no deja de atesorar sus preciosas lágrimas". Los ánimos debieron ayudar porque, en 1559, estaba claro que, a pesar de su persecución, el movimiento hugonote estaba creciendo.

Esa primavera, un grupo de unas treinta parroquias diferentes se reunió en Francia para prometer su lealtad a la doctrina calvinista. Juan Calvino también comenzó a enviar a sus pastores misioneros, formados en su Academia de Ginebra, a Francia para difundir aún más las creencias calvinistas. Se dice que para 1564, unos 100 de estos misioneros calvinistas habían sido enviados. Y parecía que todos estos esfuerzos estaban marcando la diferencia, sobre todo por el impresionante ritmo al que los miembros de las clases altas francesas comenzaron a abrazar la fe.

Fue en medio de esta renovada simpatía hacia los reformistas entre la nobleza francesa que el rey Enrique II pereció inesperadamente durante una partida amistosa de justas. Fue un completo accidente. El mayor de los Henri había justado con el joven Gabriel Comte de Montgomery para celebrar la inminente boda de su hija. En su última ronda de justas, Gabriel levantó su lanza, cargó, y accidentalmente golpeó al rey de frente, haciendo que su lanza se hiciera añicos y se rompiera. Una de las esquirlas de la lanza rota atravesó la visera del rey, atravesó su ojo y se alojó en su cerebro.

Curiosamente, el místico francés Michel de Nostradamus fue quien predijo esta tragedia. Unos años antes, Nostradamus había publicado un libro de cuartetas vagamente redactadas que supuestamente predecían acontecimientos futuros, y se dice que una de ellas fue escrita sobre este acontecimiento. La cuarteta decía: "El león joven vencerá al mayor / en el campo de combate en una sola batalla; le atravesará los ojos a través de una jaula de oro, / dos heridas hechas una sola, luego muere una muerte cruel".

Efectivamente, Enrique tuvo una muerte cruel con un dolor terrible, pereciendo por la herida mortal días después del hecho. En la predicción, se dice que el viejo león es Enrique y el joven león Gabriel, que atravesó los ojos de Enrique a través de su "jaula de oro", es decir, atravesó sus ojos a través de su visera protectora en forma de jaula. Sin embargo, todavía no se sabe si Nostradamus predijo realmente este acontecimiento o simplemente tuvo una suerte increíble. En cualquier caso, fue después de su muerte cuando el sucesor del rey Enrique II, Francisco II, comenzó a renovar la persecución de los hugonotes.

Para poner fin a este ataque, un grupo de hugonotes intentó apoderarse por la fuerza del nuevo rey y mantenerlo como rehén en la primavera de 1560. Pero su plan fue descubierto antes de que pudiera llevarse a cabo, y los conspiradores fueron detenidos. Entre los que participaron en el plan se encontraban algunos de los pastores misioneros enviados desde Ginebra, Suiza.

Resulta que los conspiradores perdieron mucho tiempo y energía en un problema que estaba a punto de resolverse por sí mismo. En diciembre de ese mismo año, el joven rey francés Francisco II pereció repentinamente, no por la cuchilla de un asesino, sino por una terrible infección de oído. A la muerte de Francisco II, el cetro del poder pasó a manos de su hermano, el rey Carlos IX, pero como este solo tenía diez años, su madre Catalina de Médicis gobernaría en su lugar hasta que el joven rey alcanzara la mayoría de edad.

Catalina de Médicis demostró ser una política pragmática. Sintiendo que su posición era bastante precaria, se acercó a los hugonotes para utilizarlos como moneda de cambio y cuña contra las otras facciones que se oponían a ella. Sintiendo también que el país no podía seguir adelante sin algún tipo de compromiso entre protestantes y católicos, Catalina hizo un verdadero esfuerzo por superar la división.

Para ello, en otoño de 1561 celebró una cumbre en la que representantes de los católicos y de los reformistas protestantes se reunieron y discutieron abiertamente sus diferencias doctrinales. Fue un raro momento de compromiso abierto en el que los bandos enfrentados pudieron hablar de sus opiniones divergentes en lugar de matarse inmediatamente por ellas.

La reunión en sí misma no pareció traer mucho acuerdo, pero, sin embargo, en enero de 1562, a los hugonotes se les concedió finalmente cierto grado de tolerancia. En el Edicto de St. Germain-en-Laye, se determinó que los hugonotes podrían practicar su fe sin temor a ser perseguidos, siempre que celebraran sus reuniones fuera de las ciudades, sin armas, de día y bajo supervisión.

Por desgracia, la tolerancia no duró mucho tiempo. En marzo de 1562, un grupo de hugonotes fue confrontado en una de sus reuniones y los miembros desarmados del rebaño fueron agredidos. Los hugonotes seguían el reglamento que se les había dado — simplemente se reunían en un granero justo fuera de los límites de la ciudad de Vassy, Francia— cuando Francisco, duque de Guisa, desató sus fuerzas sobre ellos. Más tarde, Francisco trató de afirmar que no había ordenado el ataque, sino que fue una reacción violenta espontánea después de que los hugonotes arrojaran piedras a sus hombres.

En cualquier caso, este ataque dejó unos setenta hugonotes muertos y desencadenó una oleada de violencia que continuaría durante los años siguientes. El peor estallido de esta violencia se produjo en 1572 durante la llamada masacre del Día de San Bartolomé. La matanza comenzó el 23 de agosto de 1572 y se prolongó durante tres días en los que grupos católicos militantes mataron sistemáticamente a decenas de miles de hugonotes. Los historiadores aún debaten la causa de la violencia, si fue espontánea o si fue ideada por un funcionario francés como la reina católica Catalina de Médicis.

La masacre estalló tras una semana de fiesta en Francia. El rey Carlos IX acogía la ceremonia matrimonial del príncipe Enrique de Navarra y su hermana Margarita. Navarra era un príncipe protestante, y su matrimonio con la católica Margarita se veía como un medio para lograr algún tipo de unidad entre católicos y protestantes en Francia. Desgraciadamente, no fue así, y poco después de esta semana de fiesta, se produjo la masacre.

En un principio, fueron las tropas francesas las que atacaron a los hugonotes, pero pronto los civiles católicos empezaron a participar, yendo literalmente de puerta en puerta en busca de hugonotes para matarlos. Sea cual sea la causa, esta última matanza de hugonotes convenció a muchos de que vivir en Francia se había convertido en algo imposible y provocó el éxodo de muchos hugonotes a tierras más seguras en Inglaterra, Alemania y los Países Bajos. De estos lugares, los Países Bajos acogerían el siguiente gran enfrentamiento entre las fuerzas del catolicismo y el protestantismo.

Desde que el emperador del Sacro Imperio Romano Germánico, Carlos V, dejó el poder a su hermano Fernando, se acordó que el control directo de lo que entonces se conocía como los Países Bajos —que hoy serían la actual Holanda, Bélgica, Luxemburgo y una parte del norte de Francia— quedaría bajo el dominio del hijo del emperador saliente, Felipe II de España. Sin embargo, Felipe estaba demasiado preocupado por los asuntos de España y, en 1559, optó por conceder a su hermanastra, Margarita de Parma, la autoridad para mandar en esta región.

Felipe II era un católico acérrimo, pero en su ausencia, los principales nobles de los Países Bajos empezaron a mostrar su verdadera cara en lo que respecta al apoyo a los movimientos protestantes y a respaldar personalmente a ciertos líderes y rebaños asociados a la Reforma. A Felipe no le gustó demasiado esto y, en cuanto se enteró, exigió que toda supuesta herejía fuera desarraigada del reino inmediatamente. Sin embargo, las clases altas de los Países Bajos siguieron coqueteando con los que Felipe llamaba herejes.

Mientras tanto, un reformista holandés llamado Hendrik van Brederode lanzó la llamada Liga del Compromiso en el otoño de 1565. Todo esto se hizo para hacer retroceder las restricciones que se habían impuesto a los reformadores.

Cuando el cambio no fue suficiente, los reformistas subieron la apuesta considerablemente llevando su caso a Margarita de Parma. Después de que presionaran a Margarita con el espectro de disturbios masivos a menos que actuara, ella trató de reducir la persecución de los protestantes. Ahora estaba claro que Margarita de Parma estaba jugando una mano débil, y los protestantes se aprovecharon de ello, celebrando mítines masivos y discursos en los que se discutía libremente la doctrina calvinista.

Como ocurrió con demasiada frecuencia durante la Reforma, a medida que los protestantes se volvían más audaces, este grupo de creyentes, antes perseguido, pronto se convirtió en el que hacía la persecución. Los protestantes estaban en contra de cualquier forma de icono religioso o reliquia que los católicos veneraran y empezaron a atacar las iglesias católicas, derribando pinturas, esculturas, utensilios de rituales y otros. También quemaron toda la literatura católica que encontraron.

Estos protestantes querían ser tolerados el tiempo suficiente para demostrar lo intolerables que podían ser ellos mismos, parece. Su comportamiento no debería ser tan sorprendente teniendo en cuenta que la fuente de su doctrina —John Calvino— era bien conocida por su intolerancia religiosa. Calvino hizo torturar y matar a muchos simplemente por tener creencias contrarias a las suyas, como se vio más famosamente en la muerte de Miguel Servet.

Aunque ciertamente no fue una época feliz para los católicos, que eran asaltados y veían cómo se demolían sus iglesias, fue una época maravillosa para los reformistas protestantes. De hecho, más tarde recordarían el año 1566 como el "Año Maravilloso". Margarita de Parma, mientras tanto, fue retirada, y el duque de Alba fue puesto a cargo de los asuntos en los Países Bajos. El duque de Alba llegó en el verano de 1567 al frente de un gran número de tropas.

Con la llegada del duque de Alba, las tornas volvieron a cambiar de forma decisiva y la persecución de los protestantes comenzó de nuevo. El duque organizó su infame Consejo de la Sangre, en el que se juzgó a unos 10.000 por herejía y al menos 1.000 recibieron la pena de muerte. Esto provocó un nuevo éxodo de hugonotes y otros protestantes, que huyeron a tierras alemanas, suizas e inglesas. Mientras tanto, el líder del movimiento, Brederode, falleció en la primavera de 1568, lo que provocó un vacío en la administración.

El príncipe Guillermo I —o, como era más conocido, el príncipe Guillermo de Orange— se hizo cargo de este vacío. Se le llamaba así porque controlaba el Principado de Orange, que en aquella época consistía en parte del sur de Francia. Guillermo de Orange era miembro de la nobleza católica y hasta entonces se había mantenido neutral en el conflicto, pero después de estar cada vez más descontento con la opresión española de las propiedades locales y la persecución de los reformistas, decidió unirse a los protestantes.

Guillermo de Orange dirigió un ejército contra las tropas de Alba en 1568, pero fue derrotado. Sin embargo, persistió y continuó una prolongada guerra de guerrillas que acabaría desembocando en una gran rebelión en 1572. A la causa protestante contribuyó el gran descontento que Alba había creado en la población general al imponer impuestos draconianos a las masas. Al igual que Martín Lutero alimentó el resentimiento local contra la injerencia católica extranjera de Roma, Guillermo de Orange aprovechó el mismo tipo de recelo en sus súbditos cuando se trataba de sus señores católicos españoles.

La revuelta popular llegó a su punto álgido cuando un grupo de piratas conocidos como "mendigos del mar" consiguió capturar el puerto de Brill y asediar los asentamientos de toda la costa. En agosto, justo en la época de la tristemente célebre masacre del día de San Bartolomé que había matado a tantos hugonotes en Francia,

Guillermo de Orange tomó un ejército de decenas de miles de soldados e irrumpió en Brabante, parte de la actual Bélgica. Este asalto fue pronto copiado por otros reformistas rebeldes.

Al ser atacado tanto por tierra como por mar, el duque de Alba intentó volver con fuerza contra los rebeldes, masacrando ciudades enteras que se encontraban a su paso. Su embestida detuvo a los protestantes en el sur, pero en las regiones del norte, la lucha continuó. Era más fácil oponer resistencia en el norte debido tanto a su composición política como a su geografía. El norte tenía una base católica mucho menor, y el terreno físico, con ríos e inundaciones frecuentes, era simplemente mucho más difícil de invadir para las tropas católicas.

Este largo y prolongado conflicto, que se encontraba en un punto muerto, acabó dividiendo literalmente a los Países Bajos en función de su ideología. Al final, la región del sur aceptó firmar la Unión de Arras, manteniendo que se aferrarían a la Iglesia católica y al dominio español. En el norte, sin embargo, el calvinismo seguía reinando, lo que llevó a los reformistas a establecer su propia unión, la Unión de Utrecht, que era básicamente un pacto de autodefensa entre los reformistas en caso de invasión extranjera.

En 1580, el duque de Alba ya no estaba en el poder y fue sustituido por el duque de Parma, Alejandro Farnesio. El duque de Parma demostró ser mucho más formidable en el campo de batalla que el duque de Alba y consiguió recuperar Amberes, Gante y Bruselas de los rebeldes en rápida sucesión.

Al mismo tiempo, en España, Felipe II se aseguró de que Guillermo de Orange fuera un hombre marcado. Lo fustigó como "el principal perturbador de todo el estado de la cristiandad" y exhortó a todos los buenos católicos a "hacerle daño o sacarlo de este mundo como enemigo público". Junto con estas palabras de ánimo a los posibles asesinos, el rey Felipe también puso una gran recompensa al príncipe de Orange, prometiendo ganancias económicas a quien estuviera dispuesto a eliminarlo. El príncipe de Orange era ahora literalmente un hombre cazado.

El primero en acorralar a su presa fue Juan de Jáuregui —un simple mercader español—, que se topó con el príncipe en 1582 y consiguió dispararle en el cuello y en la cabeza. El príncipe de Orange sobreviviría milagrosamente a estas heridas, pero no tardó en enfrentarse a otro asaltante empeñado en cumplir la directiva de Felipe II. En julio de 1584, Orange fue localizado por un humilde aprendiz de ebanista llamado Balthasar Gérard.

Este hombre consiguió acceder al lugar donde se alojaba el príncipe de Orange y luego simplemente se acercó a él y abrió fuego. Guillermo recibió múltiples impactos en el pecho y el abdomen. Se dice que mientras el príncipe de Orange se desplomaba en el suelo, gritó: "¡Dios mío, ten piedad de mi alma!", seguido de "¡Dios mío, ten piedad de este pobre pueblo!". Mientras tanto, el asesino intentó huir, pero los enfurecidos seguidores del príncipe lo sometieron fácilmente.

Gérard no iba a salirse con la suya en un acto tan descarado y sufriría mucho por lo que había hecho: ser torturado y asesinado por los vengativos seguidores del príncipe de Orange. Aunque Gérard no pudo cobrar por el asesinato, sus padres fueron pagados en su totalidad por el rey Felipe. La muerte del príncipe de Orange trajo consigo una confusión inmediata en cuanto a cómo podía seguir adelante el movimiento de reforma en los Países Bajos.

El hijo de Guillermo de Orange, Mauricio, intentó tomar el relevo de su padre. Muchos, sin embargo, temían que todo estuviera a punto de desmoronarse. Pero las reformas recibieron una ayuda sorprendente en el verano de 1585, cuando la reina Isabel I de Inglaterra envió tropas para apuntalar la fuerza de los reformistas rebeldes. La reina también firmó el Tratado de Nonsuch, un documento que prometía la intervención si los Países Bajos se enfrentaban a una invasión.

Existen varias razones para que la reina Isabel hiciera esto. España era, en ese momento, un rival político, militar y religioso de los ingleses reformados, y a los británicos les convenía tener una zona de amortiguación protestante aliada (o al menos neutral) en los Países Bajos. Este acto impidió la invasión española y aseguró a los protestantes holandeses de los Países Bajos, que acabarían convirtiéndose en la República Holandesa, donde las creencias de la Reforma Protestante no solo serían toleradas, sino que florecerían.

La victoria de los Países Bajos sobre el dominio católico fue uno de los mayores éxitos de la Reforma Protestante. Muchos de los reformadores radicados en los Países Bajos viajarían por todas partes, difundiendo el evangelio de sus creencias y su forma de vida. Algunos viajaron hasta los Estados Unidos de América, donde establecieron exitosos enclaves que aún existen.

# Conclusión: Cómo la Reforma cambió el mundo

Cuando Martín Lutero clavó sus noventa y cinco tesis en las puertas de la Universidad de Wittenberg, desencadenó una serie de consecuencias que le habría sido imposible predecir. Lutero había abierto la puerta al debate, y de repente había manifestantes en cada esquina preguntando por qué la doctrina católica romana era como era. Estos manifestantes de la corriente religiosa —o, como los conocemos hoy en día, estos protestantes— se atrevían a echar en cara a las autoridades religiosas de su época.

Se preguntaban si el purgatorio era real, si la fe sin obras era suficiente, y si era realmente posible —o incluso apropiado— rezar por los muertos. Y cuando sus responsables católicos no les daban respuestas adecuadas a sus preguntas, eso les incitaba a preguntar aún más. Esto, por supuesto, condujo a la inevitable reacción de la Iglesia católica de perseguir a las sectas que surgieron en oposición a la doctrina oficial de la Iglesia. A diferencia de épocas pasadas en las que los disidentes se levantaban para ser rápidamente desechados, en la época en la que Marín Lutero alcanzó la prominencia, estos protestantes de la fe eran difíciles de desechar para la Madre Iglesia.

También tenían una poderosa herramienta a su disposición, la imprenta. Mientras los protestantes imprimían un tratado religioso tras otro, se aseguraban de que su interpretación de las Escrituras perdurara mucho después de que ellos mismos desaparecieran. La Iglesia católica tenía que darse cuenta de que, aunque podían matar a los reformadores protestantes, no podían matar sus ideas. Y a medida que la base de poder de los protestantes crecía, empezaron a gobernar sus propias ciudades e incluso países donde, para variar, podían llevar la voz cantante en cuanto a las creencias religiosas.

Lamentablemente, cuando los protestantes se vieron finalmente libres de la persecución y pudieron practicar lo que querían, a menudo se convirtieron ellos mismos en perseguidores. Juan Calvino, después de todo, quemó a los que tenían creencias diferentes con el mismo fervor que los católicos le habrían quemado a él. Si bien la Reforma fue una explosión de la libertad de pensamiento y de religión, también produjo sectas dogmáticas, tan dogmáticas, de hecho, que cada una guardaba celosamente su forma de expresión religiosa y estaba dispuesta a destruir a cualquiera que se atreviera a ver las cosas desde otra perspectiva.

Aunque la Reforma produjo grandes beneficios, ésta fue la gran tragedia de los protestantes. Despreciaban a los católicos por imponer su interpretación de las Escrituras a las masas, pero estaban más que dispuestos a dar la vuelta y tratar de imponer sus propios puntos de vista de mano dura a los demás. Sí, la historia se repite, y el curso de la Reforma demostró este fenómeno de manera sorprendente y dramática.

Pero, a pesar de las perpetuas idas y venidas de la persecución por parte de ambos bandos, la Reforma tuvo mucho de bueno. Después de todo, fue la libertad de pensamiento fomentada por la Reforma la que condujo a ese otro periodo de revolución en el pensamiento: el Renacimiento. Aunque la Reforma fue un movimiento religioso por naturaleza, para muchos pareció resolver algunos argumentos filosóficos bastante serios que beneficiaron al Renacimiento.

Por un lado, los protestantes desafiaron la idea de que el papa o los sacerdotes tuvieran alguna autoridad especial por encima de los demás. Los protestantes se tomaron a pecho Gálatas 3:28, en el que el apóstol Pablo declaró: "No hay judío ni gentil, ni esclavo ni libre, ni hombre ni mujer, porque todos sois uno en Cristo Jesús". La aceptación de estas palabras condujo a la creencia generalizada de que todos eran iguales bajo Dios. Esta nivelación del terreno de juego funcionó como una apisonadora, poniendo patas arriba la creencia medieval en una jerarquía natural de autoridad.

Incluso si no se creía en Dios, la idea de que todos eran iguales era una proclamación reveladora, y fue la Reforma la que llevó estas nociones directamente a las masas. Los protestantes también fomentaron la innovación y una fuerte ética del trabajo, cosas que se trasladaron de Europa a un lugar llamado América. Fue en América donde florecieron los verdaderos frutos de la Reforma.

Libre de cualquier idea de jerarquía social o religiosa, la buena gente de América trabajaba duro y trataba de vivir una buena vida. Siguiendo sus preceptos religiosos, sabían que el trabajo duro y un poco de fe era lo único que realmente importaba. La laboriosa libre empresa inspirada por la Reforma Protestante sigue dando frutos en los Estados Unidos de América hasta el día de hoy.

La Reforma fue muchas cosas para mucha gente, pero sobre todo fue el momento seminal que cambió la trayectoria del mundo para bien.

# Vea más libros escritos por Captivating History

# Apéndice A: Lecturas adicionales y referencias

*Reformation: A World in Turmoil.* Andrew Atherstone

*The Origins and Developments of the Dutch Revolt.* Graham Darby

*Martin Lutero: A Biography for the People.* Dyron B. Daughrity

www.ingramcontent.com/pod-product-compliance
Lightning Source LLC
LaVergne TN
LVHW041648060526
838200LV00040B/1759